gundula göbel

Schrei nach Geborgenheit

Emotionale Begleitung bis in die Pubertät

Bonding I Bindung I Bildung

Kindern mit geöffnetem
Herzen begegnen –
für
ein glückliche Kindheit

G. Göbel

Gundula Göbel
Schrei nach Geborgenheit
2. Auflage 2013
© Copyright Gundula Göbel

Lektorat:	Simone Höfer
Layout/Satz:	Tine Falk, www.tine-falk.de
Verlag:	Briefgestöber, www.briefgestoeber.de
Bildrechte:	Alle Bildrechte liegen bei der Autorin rechtes Coverfoto © Gina Sanders - fotolia.com

ISBN 978-3-9815574-1-1
Die Deutsche Nationalbibliothek verzeichnet diese Publikation in der Deutschen Nationalbibliografie.

Dieses Buch widme ich meinem Ehemann Wolfgang, meiner Tochter Jannika und meinem Sohn Frederik. Danke für die vielen kritischen Gespräche, die liebevolle Aufmunterung und die Freigabe ganz privater Bilder.

Danke allen anderen Kindern und Jugendlichen für die Freigabe ihrer Bilder und Geschichten.

Für den fachlichen Austausch und die motivierenden Worte danke ich meinen Freundinnen Andrea und Anette ganz herzlich.

Gundula Göbel
Kinder- und
Jugendlichen-
Psychotherapeutin

Vorstellung

Als Kinder- und Jugendlichen-Psychotherapeutin, Familientherapeutin und EMDR-Traumatherapeutin bin ich in eigener Praxis in der Nähe von Hamburg tätig.

Zusätzliche Schwerpunkte sind Fortbildungen für pädagogische Fachkräfte, Lehrkräfte und Eltern. Über 23 Jahre therapeutische Erfahrung mit Babys, Kindern, Jugendlichen und deren Familien bereichern meine Arbeit. Das Interesse an Menschen und meine Liebe zu meiner Arbeit machten es notwendig, dieses handlungsorientierte und bindungsstärkende Buch zu schreiben.

Ich erlebe, wie sich Kindersorgen und die entsprechenden Auffälligkeiten und Symptome bei Kindern und Jugendlichen verändern. Jedoch ist die Antwort oft unbefriedigend, da zu häufig mit der Gabe von Medikamenten versucht wird, den Kindern und Jugendlichen zu helfen!

Kinder benötigen vor allem die Geborgenheit und Verlässlichkeit ihrer Eltern. Die Sehnsucht der Kinder, die diesem Buch den Titel „Schrei nach Geborgenheit" gab, berührt mich auf besondere Weise und ist Motivation für meine Arbeit.

Inhalt

Einleitung

Der Titel des Buches, „Schrei nach Geborgenheit", stellt uns vor die Frage: Was ist Geborgenheit eigentlich? Wenn wir an diesen Begriff denken, fällt den meisten Lesern sicherlich Sicherheit und Wohlgefühl ein. Der Psychologe Hans Mogel beschreibt Geborgenheit als Sehnsucht nach Sicherheit, Wohlbefinden, Wärme, Liebe, Glück und Vertrauen – als den Wunsch, sich einfach zu Hause zu fühlen. *Vgl. Mogel S. 134* Sich geborgen zu fühlen ist gleichzusetzen mit sich sicher zu fühlen. Eine verlässliche, sichere Bindung zur Bezugsperson ist also die Voraussetzung, um Geborgenheit erleben zu dürfen. Bonding- und Bindungserfahrungen sind somit die Grundlage für eine gelungene kindliche Entwicklung. Denn diese möglichst positiven Erlebnisse sind das Gerüst für das Gefühl von Wärme, Nähe, Verlässlichkeit und Liebe.

Was ist nun das Gegenstück zu Geborgenheit? Mogel bezeichnet es als „Ungeborgenheit". Der Ungeborgenheit werden unterschiedliche Merkmale zugeschrieben. Dies sind Unruhe, Hektik, Niedergeschlagenheit, Einsamkeit, Kummer, Unlust, Depression, Stress, Furcht und Angst. *Vgl. Mogel S. 135* sowie Aggression.

Der Schrei nach Geborgenheit bedeutet jemanden herbeizurufen, der die Sehnsucht nach Geborgenheit, d. h. nach Vertrauen, Zufriedenheit, Sicherheit, Nähe und Anerkennung der Persönlichkeit des Kindes erfüllt. Dieser Schrei, das Herbeirufen, kann sprachlich durch Worte oder nicht sprachlich durch bestimmte Verhaltensweisen, Blicke oder Körperhaltungen ausgedrückt werden.

Wenn dieser Schrei nicht erhört wird, kann es zu Symptomen der unterschiedlichsten Art kommen.

Wenn ein Säugling sichere und haltgebende Bindung und Bindungserfahrungen erlebt, wird sich daraus ein

Gefühl von Geborgenheit entwickeln. Aus diesen möglichst intensiven Erfahrungen resultieren die Beziehungs- und Bildungsbereitschaft und das Lernverhalten eines Kindes. So ist es auf diesem Wege möglich, das theoretische, praktische und kreative Potential des Kindes zu entfalten. Die verlässlichen Bindungserfahrungen bilden somit das Gefühl von Geborgenheit und damit eine Basis für das optimale Lernen.

Neben den familiären Beziehungserfahrungen sind auch jene mit Bezugspersonen, Erziehern und Lehrern entscheidend. Alle diese Erfahrungen sind ausschlaggebend für die Lernentwicklung und dafür, wie sich ein Kind fühlt. Alle zwischenmenschlichen Erfahrungen werden vom Kind abgespeichert und beeinflussen seine weiteren Lebenssituationen. Auch die spätere Beziehungsgestaltung zu Freunden, zum Partner, zu Kollegen und sein Lernverhalten werden davon geprägt.

In diesem Buch geht es um die Bindungsentwicklung und die Beziehungsgestaltung sowie die Bildungsbereitschaft bei Kindern in ganz konkreter Form mit vielen hilfreichen Ideen für den Alltag und als Basis für das Gefühl, sich geborgen zu fühlen.

Aus Gründen der besseren Lesbarkeit habe ich weitestgehend darauf verzichtet, die heute möglichen Formen von Elternschaft an jeder Stelle zu benennen. Mit Eltern sind hier selbstverständlich immer auch nur Mütter, nur Väter, möglicherweise auch die Großeltern und andere Bezugspersonen wie Erzieherinnen, Lehrer oder Tageseltern gemeint, denen das Kind vertraut und zugetan ist.

Wenden Sie sich mit diesem Buch nun dem Alltag mit Ihren Kindern zu, sicher werden Sie sich und Ihre Familie in vielen Beschreibungen wiederfinden.

Meine persönliche Geschichte

Es ist der 7. Oktober, ich sitze an einem warmen Herbsttag in Schweden am See und denke über meine Tätigkeit als Kinder- und Jugendlichen-Psychotherapeutin nach – wie sehr sich die Sorgen der Kinder, Jugendlichen und Eltern verändert haben. Kinder und Jugendliche zeigen oder erzählen mir von ihren Wünschen in der Familie willkommen zu sein, so akzeptiert zu werden, wie sie sind. Ihre Sehnsucht nach Anerkennung, elterlicher Liebe und Verlässlichkeit ist grenzenlos. Aber auch ihre Sehnsucht nach der Freiheit, eigene Erfahrungen sammeln zu dürfen.

Ich muss an viele Kinder aus den letzten Jahren denken, die das Gefühl hatten, ihre Gedanken, ihre Ängste, ihre Wünsche und ihre Sehnsucht nach Mama und Papa seien falsch. Wie oft werden Kinder, die zum Glück noch so sensibel wahrnehmen und die Widersprüchlichkeit unserer Erwachsenenwelt spüren oder die ohne Böswilligkeit der Erwachsenen doch seelische Belastungen aushalten müssen, mit Medien oder Medikamenten ruhig gestellt. Doch nur, weil viele Bezugspersonen zu wenig Zeit und Ruhe haben, sich mit den wirklichen Sorgen und der Persönlichkeit des Kindes auseinanderzusetzen. Kinder sollen in den Augen vieler Erwachsener funktionieren. Aber auch diese stehen unter Druck, fühlen sich verunsichert, sind verzweifelt und wollen doch alle nur das Beste für ihr Kind. Ich sehe die traurigen Augen der Kinder, ihre innere Verzweiflung und ihren Druck in der Schule. Manche Kinder stecken ihre ganze Energie in das Lernen, um die gewünschte Anerkennung auf Grund ihrer Noten zu erhalten.

Was aber ist mit den tollen eigenen Gedanken der Kinder? Wo bleibt ihre Spontanität, ihre Kreativität, ihr Spaß, ihr unbeschwertes kindliches Lachen?

Viele Jugendliche haben Angst, ihr Leben nicht meistern zu können. Nehmen gerade wir den Kindern und Jugendlichen ihr ureigenes Vertrauen in sich und ihr Leben?

Der See ist ruhig, die Sonne scheint, und ich fühle mich verantwortlich, tief berührt und traurig von diesen Gedanken. Ich bin der Überzeugung, dass Eltern, Erzieher und Lehrer nur das Beste für die Kinder wollen! Durch so viele pädagogische Handlungsmöglichkeiten wird dann das einzelne Kind/der einzelne Jugendliche mit seiner Persönlichkeit kaum noch wahrgenommen. Bezugspersonen handeln gegen ihr Bauchgefühl, ihrem Kind Freiheit, Wärme und Verlässlichkeit zu geben, denn der Leistungsvergleich verschließt ihnen das Herz.

„Mein Kind muss nach 8 Wochen durchschlafen. Mein Kind muss mit 12 Monaten laufen lernen. Mein Kind muss mit 1,5 Jahren alleine spielen können. Mein Kind muss gute Noten schreiben…"

Auf dem See sehe ich, wie sich ein Stück Holz bewegt, es ist so einzigartig. Das Holz treibt in verschiedene Richtungen, kommt aber dennoch am Ufer an.

Welche Möglichkeiten hatte dieses Holz! Die Blätter auf dem See tanzen noch. Vielleicht sind die verschiedenen Materialien mit den unterschiedlichen Temperamenten von Kindern zu vergleichen. Aber wir wollen, dass alle Kinder zur gleichen Zeit das Gleiche können und das gleiche Ziel haben.

Und dabei wäre es so wichtig, dem Bauchgefühl zu vertrauen, das Temperament des Kindes und das Kindsein anzuerkennen!

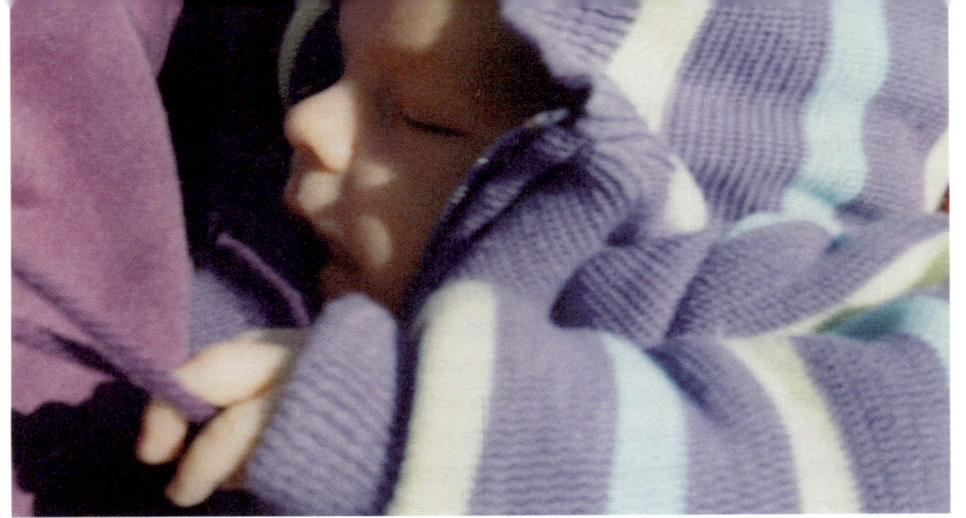

Bonding

Die Wurzeln für Bindung und Bildung

Der Begriff Bonding ist für viele Eltern eher neu in der Sprache der Beziehungsgestaltung zu ihren Kindern. Das Bonding ist eine innige, liebevolle, achtsame, körperlich nahe und ganz frühe Beziehung zum Kind. Es ist überwiegend non-verbal, also nicht sprachlich.

Bausteine des Bondings

Bausteine des Bondings sind:
- Achtsame Berührungen
- Warmherzige Stimme und Worte
- Zärtlicher Blickkontakt
- Lächeln
- Das Kind willkommen heißen
- Sich einschwingen auf das Baby
- Schutz und Trost

Achtsame Berührungen

Die Berührung ist die erste Sprache des Kindes. Berühren Sie den Säugling liebevoll, streicheln Sie Ihr Baby. Dies hat auf Sie als Eltern und auf Ihr Baby eine entspannende, positive Wirkung.

Die liebevollen Berührungen reduzieren das Freiwerden von Stresshormonen. Das bedeutet, dass sich Eltern und Babys mit viel positiveren Gefühlen kennenlernen können.

Durch die zärtlichen Berührungen werden die meisten Babys innerlich ruhiger und die Gehirnentwicklung wird positiv unterstützt.

Das Wahrnehmungssystem der Haut ist bei Säuglingen ganz entscheidend. Durch Berührungen, Babymassagen und zärtliches Streicheln ermöglichen Sie sich und Ihrem Säugling ganz viele Bondingerfahrungen, diese ermöglichen wiederum ein Gefühl von Geborgenheit. Legen Sie Ihr Baby auf Ihren Bauch, nutzen Sie auch im Kreißsaal des Krankenhauses jede Möglichkeit zu liebevoller Berührung Ihres Babys.

Besonders die ersten Tage und Wochen sollten genutzt werden, um zwischen dem Baby und der Mutter/ dem Vater einen körperlich nahen Kontakt mit vielen Berührungen und viel Liebe zu ermöglichen. So werden wesentliche Grundlagen für die weitere Bindungserfahrung des Kindes geschaffen.

Die liebevollen Berührungen sind von großer Bedeutung für eine angemessene Hirnentwicklung.

„Das Kind erfühlt die Welt von Anfang an vor allem durch die Haut. Die Welt ist für das Baby so, wie es angefasst und gehalten wird."
Eva Reich

Warmherzige Stimme und Worte

Der liebevolle Körperkontakt, wie zum Beispiel das Streicheln des Säuglings, wird von der Mutter/dem Vater oftmals mit warmherzigen Worten und mit Blickkontakt begleitet. Die Stimme der Mutter/des Vaters kennen Babys bereits aus der Zeit im Bauch der Mutter. Babys erkennen, dass diese Stimme ihnen Geborgenheit gibt und Nahrung ermöglicht. Säuglinge reagieren auf die vertraute Stimme und fühlen sich dadurch beschützt.

Für das Baby ist es ein wohliges Gefühl, wenn die Eltern mit ihm sprechen, es willkommen heißen oder ihre eigenen Handlungen mit Worten begleiten. Säuglinge verstehen wahrscheinlich noch nicht jedes Wort, aber der Rhythmus und die Melodie unserer Sätze werden in ihrem Körper gespeichert.

Zärtlicher Blickkontakt und Lächeln

Das neugeborene Baby zeigt schon mit seinem Gesichtsausdruck, wie es ihm geht und wie es sich fühlt. Zeigen auch Sie Ihre Liebe mit Blicken und reagieren Sie auf die Bedürfnisse, die Ihr Baby Ihnen zeigt. Zu Beginn schenken die Babys uns ihr „Vorlächeln", auch Reflexlächeln genannt. Beim Säugling sind so viele Informationen durch die Schwangerschaft und Geburt im Körper gespeichert, dass der Körper aus sich heraus reagiert. Bitte beantworten Sie auch das ganz frühe Lächeln mit ihrem liebevollen Blick.

Mit vier bis fünf Wochen zeigt das Baby dann sein „Willkommens-Lächeln". Heißen Sie Ihr Kind durch zärtliche Blicke, wohlige Berührungen und eine liebevolle Stimme von Beginn an willkommen.

Das Baby willkommen heißen

Sie haben den Säugling sicherlich schon in Ihrem Bauch begrüßt und mit ihm gesprochen. Hier heißt es nun, das Baby außerhalb des Bauches und nach der Geburt willkommen zu heißen. Jede Mutter und jeder Vater hat dazu sein eigenes Gefühl und seine eigenen Ideen. Sie können Ihrem Säugling sagen, dass er willkommen ist, Sie können es auch mit Körperkontakt zeigen. Einige Eltern begrüßen ihr Kind z. B. mit einem selbstgesungenen Lied.

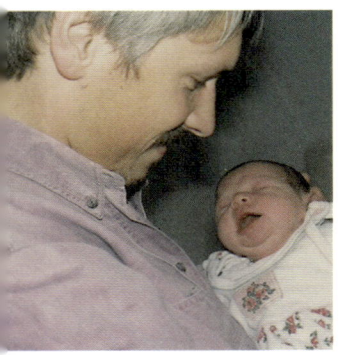

Ein Säugling zeigt mit dem Gesichtsausdruck wie es ihm geht und wie es sich fühlt.

Sich einschwingen auf das Baby

Gerade in der Bondingphase ist das Einschwingen auf den Säugling dringend notwendig. Ihre Feinfühligkeit bedeutet, dass Sie die Bedürfnisse Ihres Säuglings nach Nähe, Liebe, Berührung, Versorgung und Nahrung wahrnehmen und möglichst sofort erfüllen. Der Säugling kann nicht warten. „Feinfühligkeit" steht dabei auch für Einfühlsamkeit, Feingefühl, Unaufdringlichkeit und Zartgefühl und genau dieses Zartgefühl ist hier gemeint. Gehen Sie sensibel mit Ihrem Baby um, reagieren Sie immer und erfüllen Sie seine Bedürfnisse nach bedingungsloser Nähe.

> *„Feinfühligkeit bedeutet den Säugling wahrzunehmen, angemessen zu deuten und angemessen zu reagieren."*
> Fabienne Becker-Stoll

Schutz und Trost

Der Säugling benötigt gleich nach der Geburt und in der weiteren Entwicklung Schutz und Trost von der Mutter/dem Vater. Das Baby hat mit der Geburt seinen verlässlichen, sicheren Raum verlassen – den Bauch seiner Mutter, dessen Fruchtwasser Sicherheit und Geborgenheit gab. Um diesen Schrecken, nun in einer fremden Welt zu sein, zu verarbeiten, braucht der Säugling nach der Geburt ganz viel Zuwendung und Schutz der Eltern.

Nehmen Sie Ihren Säugling in den Arm, schaukeln Sie ihn sanft, geben Sie Körperkontakt, beschützen Sie Ihr Baby und trösten es, wann immer es Trost braucht – das ist Bonding. So bilden sich wichtige Wurzeln für ein sicheres Bindungsmuster. Ein Zuviel an Geborgenheit, Schutz und Trost kann es dabei nicht geben. Sie können Ihr Baby nicht verwöhnen oder verziehen!

Da die meisten Babys im Krankenhaus geboren werden, beginnt dort der erste Kontakt außerhalb des Mutterleibs als ein wesentlicher Grundstein zu einem sicheren Beziehungsaufbau. Während früher die Neugeborenen nur zeitweise auf der Wochenbettstation bei den Müttern waren und ansonsten von den Kranken-

Erfüllen Sie das Bedürfnis des Babys nach bedingsloser Nähe.

schwestern betreut wurden, wird heute in den Krankenhäusern das „Familienzimmer" und „Rooming-in" vorgezogen. Das heißt, von Beginn an haben das Baby und die Eltern Gelegenheit, miteinander vertraut zu werden, trotz dieser fremden Umgebung.

Für dieses Kennenlernen und das Bonding benötigen das Baby und die Eltern Schutz, Ruhe, Zeit und eine geborgene Atmosphäre.

Belastungsfaktoren

Positive Bondingerfahrungen werden erschwert durch:
- Psychische oder medizinische Probleme während der Schwangerschaft und Geburt
- Extrem schmerzhafter Geburtsverlauf
- Belastende Geburtserfahrungen des Kindes
- Probleme in der Wahrnehmung des Kindes
- Unsichere Bindungserfahrungen der Eltern in der eigenen Kindheit
- Belastende Erlebnisse und Erfahrungen aus der eigenen Kinder- und Jugendzeit eines Elternteils

Psychische oder medizinische Probleme während der Schwangerschaft und Geburt

Die Angst um das Baby im Bauch der Mutter oder während der Geburt löst bei vielen Paaren Schuldgefühle aus. Viele Paare fühlen sich verantwortlich, wenn es Risiken oder medizinische Sorgen gibt. Dieses erschwert nach der Entbindung die Kontaktaufnahme zum Kind.

Aber auch Themen aus dem psychischen Bereich, wie Mobbing am Arbeitsplatz, Streit oder Trennung des Paares, Konfrontation mit der Entscheidung für oder gegen die Schwangerschaft, all dies können belastende Themen für die werdenden Eltern sein.

Gundula Göbel | Schrei nach Geborgenheit

Mit diesen erlebten Erfahrungen kommt der Säugling bereits auf diese Welt. Die Eltern begegnen dem Baby mit ihrem Rucksack der eigenen Geschichte und Gefühlen aus der Zeit der Schwangerschaft, z. B. mit der erlebten Angst bei frühzeitigen Wehen. Meistens werden wir medizinisch sehr gut versorgt, aber vielen Müttern und Vätern fehlt der gefühlsmäßige Halt, um die eigenen Ängste und Gedanken zu sortieren und zu tragen. All das kann das Bonding zum Säugling erschweren. Eltern benötigen für ihre Erlebnisse Zuhörer und wollen ernstgenommen werden, um sich so ihrem Kind wieder emotional zu öffnen.

Ebenso kann eine ungeplante Operation im Anschluss an die Geburt oder ein Kaiserschnitt Eltern langfristig belasten. Dazu kommen die Angst und die Verunsicherung um das gerade geborene Baby. Oftmals entstehen Gefühle von Versagen, es nicht geschafft zu haben. Die Auswirkungen der Narkose belasten, da die Herzgefühle kurzfristig blockiert sind.

Fürsorgliche Menschen können Eltern helfen, indem sie ohne Bewertung zuhören und auch die Gefühle von Traurigkeit, Angst, Enttäuschung, Trauer oder Freude aushalten und mittragen. So entsteht eine Entspannung der Situation, ein liebevoller Kontakt zum Baby wird spürbar, und das Bonding wird ermöglicht.

Extrem schmerzhafter Geburtsverlauf

Durch den extremen Stress einer endlos lang empfundenen Entbindung, den Kontrollverlust bei der Geburt, das Gefühl, sich überrollt zu fühlen von der Gewalt der Geburt oder durch erhebliche Schmerzen während der Geburt des Kindes ist es Eltern allein manchmal unmöglich, das Kind willkommen zu heißen. Mütter oder Väter fühlen sich häufig überwältigt von ihren Gefühlen und der erlebten Situation des Gebärens.

Sehr oft werden gerade Mütter von ihren Geburtser-

Alles was wir einer Frau an Belastungen in der Schwangerschaft und während der Geburt zumuten, muten wir gleichzeitig auch dem Baby zu.

fahrungen überwältigt und benötigen dringend Unterstützung, um ihr Baby emotional halten und versorgen
zu können. Für viele Väter ist eine Geburt ebenfalls ein
überwältigendes Erlebnis. Auch Männer können die
Geburt als traumatisch erleben und es bleiben Bilder,
welche auch über Wochen und Monate nach der Geburt des Kindes noch als schlimm und belastend im
Kopf bleiben. Manche Väter, aber auch Mütter werden
mit ihrem „Schrecken" nicht ernstgenommen. Väter
bekommen oftmals nicht einmal die Chance darüber
zu sprechen und bleiben aus Scham damit alleine.
Auch Väter können durch die eigenen Erfahrungen
während der Geburt, z. B. der eigenen Frau nicht helfen zu können und sie unter Schmerzen zu sehen, für
eine Weile emotional betroffen oder erstarrt sein mit
der Folge, handlungsunfähig zu wirken und ihre Feinfühligkeit zum Säugling kaum zeigen zu können.

Suchen Sie sich vertrauensvolle Gesprächspartner
und Hilfe. Bei einer Nicht-Verarbeitung des Erlebten
distanzieren sich Männer, ausgelöst durch die belastenden Bilder, häufig von ihrer Familie, obwohl sie
doch so gebraucht werden. Es gibt Väter, die extrem
viel Sport betreiben oder sehr viel arbeiten, nur um die
eigenen Gefühle nicht spüren zu müssen. Damit ist jedoch eine Reihe von weiteren Problemen vorprogram-
miert. Und die Bindung zum Kind wird erschwert.

Wenn bei Müttern oder Vätern Geburtserlebnisse
unverarbeitet bleiben oder es sich gar um ein Ge-
burtstrauma handelt, können Symptome wie Antriebs-
losigkeit, negative Gedanken, sexuelle Unlust oder an-
haltende Schlaflosigkeit auftreten. Bitte holen Sie sich
spätestens dann angemessene therapeutische Hilfe.

Um das Bonding zu ermöglichen, ist es für Eltern
eine große Hilfe, wenn Hebammen, Krankenschwestern u. a. einfach zuhören, Gefühle ermöglichen und
ernstnehmen und Eltern eine warme Hand im Rücken

| Gundula Göbel | Schrei nach Geborgenheit

spüren. So öffnen sich Frauen wie Männer gefühlsmäßig wieder und sind bereit, dem Säugling mit Zartgefühl und innigem Kontakt zu begegnen.

Zum Weiterlesen:

Es war eine schwere Geburt von Viresha J. Bloemeke

Belastende Geburtserfahrungen des Kindes

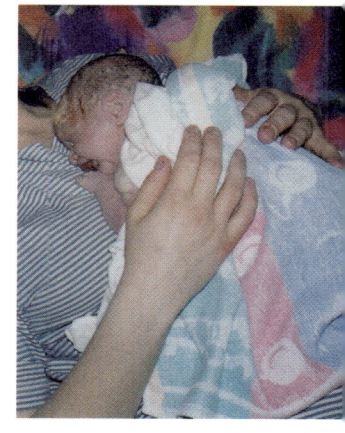

Unterschiedliche Geburtserfahrungen, wie z. B.
Saugglocke, Kaiserschnitt, Sauerstoffmangel, schlech-
te Herztöne des Kindes oder negative Erfahrungen im
Mutterleib, können das Baby psychisch und körperlich belasten. Ebenso ist die Trennung von Mutter und
Kind ein Stressfaktor für beide. Die Sicherheit durch
die vertraute Stimme, den Geruch der Mutter und die
emotionale Nabelschnur ist dann kurzfristig belastet.
Säuglinge reagieren unterschiedlich auf belastende
Ereignisse. Manche Kinder verdeutlichen ihren Stress
durch Schreien, andere schlafen extrem viel, wieder
andere reagieren mit Verweigerung z. B. beim Trinken,
da sie ihren Schmerz kaum aushalten können. Dies
alles sind Schutzmechanismen des Körpers. Nehmen
Sie diese Hilferufe ernst. „Unterlassen wir es jedoch,
werden uns die Schreie der Säuglinge aufrütteln und
daran erinnern, dass unsere Herzen und Seelen verschlossen sind." Thomas Harms (Hrsg.) S. 224

Nach belastenden Geburtserfahrungen ist das Stillen der Sehnsucht nach Liebe, Zartgefühl und Geborgenheit besonders wichtig.

Wenn ihr Baby viel schreit, nicht trinken mag o. ä., ist
dies ein Ausdruck der Hilflosigkeit und Sehnsucht nach
Zartgefühl und richtet sich nicht negativ gegen Sie als
Eltern! Ihr Kind braucht gerade dann bedingungslosen
Trost. Kein Kind lehnt seine Mutter oder seinen Vater
ab. Jedes Kind sehnt sich nach Liebe, Zartgefühl und
Geborgenheit.

Probleme der Wahrnehmung des Kindes

Die unterschiedlichen Wahrnehmungssysteme beinhalten wichtige Bondingerfahrungen. Durch die Sinnesorgane bekommt der Embryo und Säugling Informationen über den eigenen Körper und seine Umwelt. Meistens sind die Sinnesorgane gut entwickelt und werden durch das Bonding weiter angeregt: Das Schmecken durch das Saugen an der Brust oder Flasche, der Tastsinn durch die Berührung der Haut (Streicheln, Massieren), das Riechen durch das Erkennen von Mutter/Vater/Umwelt, das Hören durch die Wahrnehmung der Herztöne und der Umgebungsgeräusche, wie der Stimmen der Eltern und Geschwister, Musik etc. Alle diese Sinneswahrnehmungen sollten von Beginn an im Alltag angemessen aktiviert werden.

„Einige Kinder können die Gefühle, die ihnen die Hautoberfläche vermittelt, nicht ordnen."

Jean Ayres

Manchmal gibt es durch unterschiedlichste Gründe Probleme in einem Wahrnehmungsbereich des Kindes. „Durch eine Über- oder Unterempfindlichkeit bestimmter Wahrnehmungssysteme, wie z. B. Haut, Gleichgewicht oder Tiefensensibilität, kann es bei dem Baby zu Missempfindungen kommen." Vgl. Ayres Dieses äußert ein Kind durch Abwehr, Schreien oder Rückzug, was wiederum das Bonding blockieren kann und die Eltern verunsichert. Häufig reicht es schon, die Lage des Kindes zu verändern oder das Kind nicht zu leicht, sondern mit vermehrtem Druck anzufassen, so dass die Reize besser im Gehirn verarbeitet werden können.

Einige Babys benötigen vermehrt Reize für ihr Gleichgewichtsorgan, z. B. eine Wiege oder einen Schaukelkorb, ein anderes Kind mag dies evtl. gar nicht. Beobachten Sie, was Ihrem Kind angenehm ist!

Zum Weiterlesen:

Bausteine der kindlichen Entwicklung von Jean Ayres

Unsichere Bindungserfahrungen der Eltern in der eigenen Kindheit

Einige Elternteile haben in ihrer eigenen Kindheit Erfahrungen des Ungeliebtseins gemacht oder wenig Anerkennung, Geborgenheit oder Sicherheit erfahren. Als Erwachsene haben Mütter oder Väter natürlicherweise immer noch die Sehnsucht nach einer emotionalen, liebevollen Versorgung durch die eigenen Eltern. Manche Mütter oder Väter haben auch eine Überversorgung und/oder Unfreiheit in ihrer Kindheit erlebt. Diese Erfahrungen führen zu einer Abhängigkeit von der Ursprungsfamilie und zu Verunsicherung. Eine angemessene Ablösung konnte nicht stattfinden.

Mit diesen unterschiedlichsten unerfüllten Wünschen werden sie dann selber Eltern. Oftmals wird die Beziehung zur Ursprungsfamilie erst mit der Geburt des ersten eigenen Kindes bewusst wahrgenommen. Das Spüren von tiefer Unsicherheit oder starke Gefühle von Überforderung zeigen dann den Weg der eigenen Bindungsgeschichte auf.

Mit unseren eigenen Kindheits- und Bindungserfahrungen werden wir dann Eltern, welche Liebe und Geborgenheit geben wollen. Manche Elternteile fühlen sich durch die unsichere Bindung zu ihren Eltern damit überfordert, da sie selber zu wenig Verlässlichkeit oder Geborgenheit erfahren durften.

Elternteile, welche sehen, dass ihre eigenen Eltern den Enkelkindern das geben, wonach sie sich selbst immer gesehnt haben, kommen in eine körperliche Anspannung und Eifersucht auf das eigene Kind. So ist dann ganz früh ein belastender Bindungskreislauf in der Familie mobilisiert. Es geht nicht mehr um den bedürftigen Säugling, sondern um unsere eigene Geschichte, unser eigenes verletztes inneres Kind.

Die Bindung zur Ursprungsfamilie wird durch das eigene Kind oftmals erst bewusst erlebt.

Belastende Erlebnisse und Erfahrungen aus der eigenen Kinder- und Jugendzeit eines Elternteils

Schlimme Erfahrungen als Kind/Jugendlicher in der eigenen Ursprungsfamilie wie z. B. Körperverletzungen, Schläge, sexuelle Übergriffe, Grenzüberschreitungen jeglicher Art, Machtlosigkeit oder Erniedrigungen lassen in uns eine innere Schutzschicht wachsen, um das Erlebte überhaupt auszuhalten. Wenn unser Baby geboren wird, benötigen wir jedoch unsere weiche emotionale Seite und unsere tiefen Gefühle, um auf den Säugling und dessen Bedürfnisse mit Zartgefühl eingehen zu können. Stellen Sie sich die Schutzschicht wie einen dicken Mantel vor: Die Kälte erreicht uns dann kaum noch.

„Die Panzerung des Körpers geht mit der Unterdrückung von Gefühlen einher."
Eva Reich

Holen Sie sich gegebenenfalls professionelle Hilfe. Eine Veränderung der eigenen emotionalen Situation ist immer möglich, für den Säugling aber ist sie dringend notwendig. Nur so können Sie eine sichere Bindung zu Ihrem Baby aufbauen, indem Sie Ihren Mantel dünner werden lassen.

Leider höre ich in meiner Praxis immer wieder von Geburtserfahrungen, die ausschlaggebend für ein beziehungsunsicheres Verhalten sind. Wenn das Baby bei der Mutter schreit oder nicht trinken will, sagen Krankenschwestern, Hebammen, Ärzte oder auch Therapeuten, dass es sein kann, dass Mutter und Kind nicht zusammen passen o. ä. Oder sie sollten das Kind mal in Ruhe im Bett liegen lassen, sie dürften es nicht verwöhnen oder sie müssten in ihrer ganzen Art als Eltern ruhiger werden.

All diese Aussagen verunsichern die Eltern und sind keinerlei Hilfe! Vielmehr belasten sie schon früh und ganz unnötig die Beziehung zwischen Mutter, Vater und Kind. In einer so sensiblen Phase sind diese Worte für jede Mutter und jeden Vater prägend. Ich selbst habe

Gundula Göbel | Schrei nach Geborgenheit

die Sätze einer Kinderkrankenschwester heute noch im Ohr! Meine Tochter ist mittlerweile zwanzig Jahre alt, und doch waren die Worte so einschneidend, dass ich sie bis heute nicht vergessen habe. Ich brauchte viel eigene Kraft, um gegenanzuhandeln, und bin heute froh, meinem Bauchgefühl vertraut zu haben.

Seit einigen Jahren haben Eltern die Möglichkeit, eine Eltern-Baby-Therapie in Anspruch zu nehmen. Nutzen Sie gegebenenfalls das Angebot der „Emotionellen Erste Hilfe" nach Thomas Harms oder einer entsprechenden Babytherapie, um den Anfang mit Ihrem Baby so positiv wie möglich zu gestalten!

> *„Egal, ob als Eltern oder Therapeuten, durch Babys werden wir gezwungen, uns mit uns selbst auseinanderzusetzen."*
> Thomas Harms

Fallbeispiel Bonding

Eine kurze berührende Geschichte vom verhinderten Bonding, das zur Bindungsstörung und im weiteren Verlauf zur Beziehungsstörung führte, werde ich nun darstellen. Alle Beispiele in diesem Buch wurden von mir realen Sachverhalten nachempfunden und beruhen auf meiner langjährigen Erfahrung aus therapeutischer Tätigkeit. Namen sind selbstverständlich frei erfunden und bestimmte Therapieinhalte werden nur mit Zustimmung der Erziehungsberechtigten veröffentlicht.

Annabelle, 14 Jahre alt

Die Eltern der 14-jährigen Annabelle kamen zu mir in die Praxis, da ihre Tochter kaum Freunde hatte und viele Ängste zeigte. Sie ließ laut ihren Eltern keine Nähe zu, war ablehnend, bockig und hatte laut Vater überhaupt ein geringes Selbstbewusstsein. Die Mutter (bei Annabelles Geburt 23 Jahre alt) beschrieb, dass sie selbst viele Jahre in therapeutischer Behandlung war und sich den drei Kindern gegenüber immer noch schwach fühlte. Vom Vater (bei der Geburt der Tochter 25 Jahre alt) erfuhr ich, dass er seit seinem dritten Lebensjahr in einer schwierigen Pflegefamilie aufgewachsen war. Die jungen Eltern hatten kaum Unterstützung und fühlten sich allein gelassen. Die Schwangerschaft verlief sehr schwierig, mit frühzeitigen Wehen und starker Übelkeit. Schließlich wurde die Geburt eingeleitet, als das Kind zehn Tage über dem Termin nicht kommen wollte.

Eine Krankenschwester kam während der Wehen herein, die der Mutter sagte, dass sie aufhören solle so zu schreien. Die Mutter erlebte die Geburt als sehr schrecklich. Dazu kam, dass sie einen Scheidenriss hatte und deshalb ihr Kind erst nach zwölf Stunden zum ersten Mal in den Arm gelegt bekam. Das Kind wollte nicht trinken, wirkte abweisend und stemmte sich gegen sie. Die Mutter erlebte dies als erste Zurückweisung. Sie bat die Krankenschwester um Hilfe, da sie selbst nur noch weinen konnte.

Die Krankenschwester antwortete: „Es gibt eben Familien, bei denen die Chemie zwischen Mutter und Baby nicht stimmt." Ebenso wurde der Mutter gesagt, sie solle ihr Kind nicht in den Arm nehmen, vielleicht hätte es noch Wahrnehmungsstörungen. Die Mutter und der Vater wussten sich nicht zu wehren, waren emotional erstarrt und abwartend.

Die eigentlichen Bedürfnisse des Kindes nach körperlicher Nähe, Hautkontakt und gegenseitigem Einschwingen konnten auf diese Weise nicht befriedigt werden. Die Mutter beschrieb nach 14 Jahren unter Tränen, dass ihr Baby nur geschrien habe und jegliche Nähe ablehnte. Bis zu unserer Sitzung war es so, dass die Mutter ihr Kind kaum in den Arm nehmen konnte, weil sie glaubte, ihre Tochter wolle es nicht oder würde es nicht ertragen.

Wegen des Verdachts auf Wahrnehmungsstörungen bekam das Kind zwei Jahre lang physiotherapeutische Behandlung. Nachdem in der diagnostischen Phase deutlich wurde, dass es die Jugendliche so sehr vermisste, in den Arm genommen zu werden, hatte ich nun die Idee, gemeinsame Stunden für Mutter und Tochter anzubieten. Beide waren sofort – doch auch voller Angst – dazu bereit. Der Vater war ebenfalls bereit, mit seiner Frau zu begleitenden Elterngesprächen zu kommen.

Ich bat die Mutter, sich bäuchlings auf eine Matratze zu legen, und die Tochter setzte sich neben sie. Die Tochter durfte ihre Hände dort hinlegen, wo die Mutter es wollte (z. B. Schultern, Mitte des Rückens usw.) und einfach tief in ihren Bauch atmen, und das tat die Mutter ihrerseits auch. Die In-den-Bauch-Atmung ist dabei entscheidend, um Energien wieder fließen zu lassen. Die Mutter war über die schnelle Wirkung sehr erstaunt. Sie konnte der Tochter unter Tränen sagen, dass sie sie noch nie so gespürt hat und sie eigentlich gar nicht richtig kennt. Die Stunde verlief ganz ruhig, ohne viele Worte und emotional sehr intensiv.

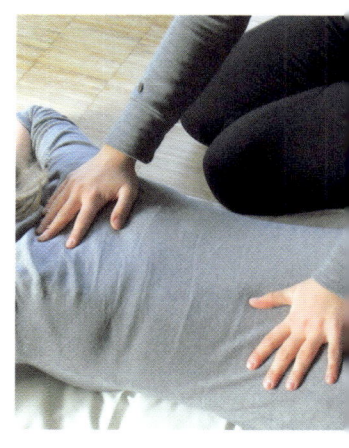

Nähe ermöglicht das Auflösen von inneren Blockaden sowie eine emotionale Nachversorgung.

Danach tauschten sie die Positionen und Annabelle sprach von ihrer Angst, vielleicht nichts fühlen zu können. Die Mutter legte mit meiner Unterstützung und meiner Hand im Rücken ihre Hände auf den Rücken ihrer Tochter. Beide erinnerte ich immer wieder an das tiefe In-den-Bauch-Atmen.

Mutter und Tochter zeigten deutliche Unsicherheit gegenüber ihren eigenen Gefühlen. Dann, nach einer Zeit der Ruhe und des Spürens, beschrieb die Jugendliche, dass es schön sei ihre Mutter zu spüren und dass sie sie ganz lieb habe. Die Mutter erlebte jedoch, dass ihre Hand kalt blieb und sie den Kontakt am liebsten abgebrochen hätte. Sie war berührt von diesem Gefühl der Kälte, auch innerlich.

Die Mutter und die Jugendliche waren darüber beide sehr betroffen. Für beide war es dennoch positiv, dieses bewusst zu spüren und nicht immer nur zu reden.

Die Tochter beschrieb unter Tränen, welche Sehnsucht sie nach der Umarmung ihrer Eltern hatte. An dieser Stelle wollte die Mutter am liebsten die Therapie abbrechen. Ich bestärkte sie jedoch darin, wie gut sie es bisher mit ihrer Tochter gemacht hatte. Die Mutter hatte alles getan, was ihr möglich gewesen war, beide waren gemeinsam zu dieser Therapie gekommen – ein großer mutiger Schritt.

Festzuhalten blieb, dass alles, was sie in dieser Stunde erlebten, etwas ist, was sie im Alltag begleitet und sonst durch Konflikte und Streit überdeckt wird. Die Mutter war erstaunt und konnte sagen, dass sie nie die Chance hatte, ihre Tochter richtig kennenzulernen.

Nach einigen Stunden des Haltens und den wiederholten Berührungen mit den Händen erlebte die Mutter immer häufiger, dass ihre Hände warm und voller Energie wurden. Beim Aussprechen ihrer Gedanken kamen Verzweiflung und Sehnsucht bei Mutter und Tochter zum Vorschein. Langsam wurde es möglich, die positiven Gedanken und Wünsche dem anderen mitzuteilen. Die Jugendliche fühlte sich der Mutter bald sehr viel mehr verbunden. Da die Mutter auf Grund ihres eigenen, unsicheren Bindungsmusters emotional nicht genügend Ressourcen hatte, bot ich ihr begleitend Einzeltermine an. Ebenso folgten Familiengespräche, um die Gefühle in den Alltag zu integrieren, sowie körpertherapeutische Elemente, um den nicht sprachlichen Ausdruck weiter zu nutzen. Der Vater war zu einer unterstützenden Arbeit bereit und emotional ebenfalls sehr berührt.

Es war wichtig, das Mädchen vor Themen, die nicht mit ihr im Zusammenhang standen, zu schützen. In den Stunden mit der Mutter ging es daher um die traumatisch erlebte Geburt und die ersten Stunden und Tage mit ihrem Baby.

Durch haltgebende, therapeutische Interventionen

konnte eine Trennung zwischen ihren eigenen, frühen Gefühlen und den Gefühlen zu ihrer Tochter möglich werden. Das heißt, ihre Wut, ihre Kränkung und ihre Gefühle von Ablehnung und Versagen bekam nicht mehr die Tochter zu spüren, sondern dafür gab es nun einen Platz in der Einzelstunde. Mutter und Tochter erfuhren in weiteren gemeinsamen Stunden eine Annäherung und zunehmend Akzeptanz und Liebe. Mit der Körperarbeit wurde ein Teil des Bondings nachgeholt.

Durch die Berührungen konnte die Jugendliche nonverbal, so wie es das „kleine Kind in uns" braucht, nachversorgt werden. Ihr Körper entspannte sich nach und nach. So ist bei Kindern und Jugendlichen eine Körperentspannung noch viel eher zu erreichen als bei Erwachsenen.

Ohne diese Körperarbeit der sanften Bioenergetik wäre eine Arbeit in so positiver Weise nicht möglich gewesen, denn Worte setzen schnell Grenzen. Körpererfahrungen hingegen gehen tief und bewirken eine emotionale Nachversorgung.

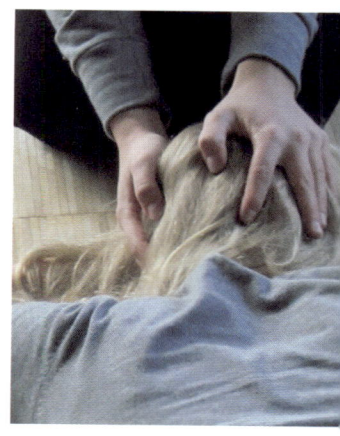

Durch das Halten des Kopfes entspannt sich der Körper. Grenzachtende Nähe wird möglich.

Was beinhaltet diese Arbeit?

An diesem Beispiel wird exemplarisch deutlich, wie sich das eigene unsichere Bindungsmuster der Mutter und des Vaters auf das Bonding des Babys auswirkt.

Wenn dieses dann noch durch eine negative Aussage von außen verstärkt wird, potenziert sich diese Erfahrung so, dass diese Eltern – aber auch viele andere mir bekannte Mütter oder Väter – in eine starre, gefühllose Situation kommen und so jede Intuition und Feinfühligkeit für ihr Kind schon am Tag der Geburt verlieren. Wenn diese Eltern im emotionalen Bereich sorgsam begleitet worden wären, hätten sie mit ihrem Säugling eine positivere emotionale Erfahrung erleben können trotz ihrer eigenen Bindungsunsicherheit.

Das bedeutet, wenn wir mehr Zeit, Energie und Un-

Viele Eltern haben Schuldgefühle auf Grund ihrer eigenen Bindungserfahrungen.

terstützung in die erste Zeit und auch besonders die ersten Stunden, Tage und Wochen investieren, wären nach meinen Erfahrungen bei Kindern und Jugendlichen, viele Verhaltensprobleme, emotionale Störungen oder Bindungsprobleme zu vermeiden oder zu reduzieren!

Ein guter Anfang kann auch am Brutkasten oder auf der Intensivstation entstehen. Auch hier ist Bonding als entscheidender Faktor für die weitere, stärkende Entwicklung des sicheren Bindungsverhaltens unerlässlich. Mit positiven Bonding-Erfahrungen würden wir bei Eltern auch Schuldgefühle reduzieren oder ganz vermeiden können.

Schuldgefühle durch emotionale Blockaden prägen die weitere Elternrolle und die Beziehung zum Kind entscheidend. Viele Eltern haben Schuldgefühle auf Grund der eigenen Bindungserfahrungen ihrer Kindheit gekoppelt mit der späteren Geburtserfahrung.

Damit nehmen sich viele Eltern das Recht z. B. Grenzen zu setzen, es aushalten zu können, wenn das Kind Langeweile hat, oder gehen emotional auf Distanz zu ihrem Kind, um nicht an eigene unangenehme Gefühle erinnert zu werden.

In dem Beispiel von Annabelle wurde dies besonders bei den Eltern deutlich – sie gingen auf Abstand und vermieden körperliche Nähe, um nicht mit der vermuteten Ablehnung ihres Kindes konfrontiert zu werden. All dies vollzieht sich natürlich im Unterbewusstsein.

Die elterliche Bindung – wie im geschilderten Fall – wie auch das Lernverhalten und die Kontaktaufnahme zu gleichaltrigen Jugendlichen sind durch frühe Erfahrungen belastet worden. Annabelle wurde nach den therapeutischen Stunden aktiver in der Schule, schrieb bessere Noten und bekam leichter Kontakt zu Mitschülern. Das Mädchen hatte glücklicherweise, wenn auch nicht über körperliche Nähe, so doch einen schützenden Kontakt in ihrer Familie und durch ihre Eltern, welche sich sehr um sie sorgten. Aus diesem Grunde führte die Arbeit schnell zu deutlich wahrnehmbaren Erfolgen. Es ging um das Auflösen von inneren Blockaden, das Erleben und Erkennen von Sehnsüchten und die emotionale Versorgung und Bemutterung. Eine Nachversorgung und Veränderung der Beziehungsgestaltung bleibt immer möglich, wenn alle Familienmitglieder dies unterstützen und mitwirken.

Fazit Bonding

Die ganz frühen vorsprachlichen Lebensereignisse, die verhinderten oder schönen und gelungenen Bonding- und Bindungserfahrungen, werden als sehr prägend und entscheidend für das weitere Leben des Kindes und dessen Familie angesehen. „Was mit uns am Anfang – an der Basis – unseres Lebens geschieht, bestimmt ganz wesentlich, wie wir heute sind: ob wir z. B. glücklich sind, uns allgemein wohl fühlen, ob wir Urvertrauen haben oder ob wir immerzu besorgt sind, jemand könnte uns schaden." Reich S. 51 Mit angemessenen frühen Erfahrungen wird die positive Lebenskraft des Kindes nachhaltig gestärkt.

Alles, was wir einer Mutter an Unterstützung und Geborgenheit Gutes tun, hat eine positive Auswirkung auf das Kind.

Bonding beinhaltet:
- **Achtsame Berührungen**
- **Warmherzige Stimme und Worte**
- **Zärtlicher Blickkontakt**
- **Lächeln**
- **Das Kind willkommen heißen**
- **Sich einschwingen auf das Baby**
- **Schutz und Trost**

Bindung

Jeder für sich und doch verbunden

Das Gefühl von
Geborgenheit
braucht sichere
Bindung.

Grundlage jeder sicheren Bindung eines Kindes ist, wie bereits beschrieben, das frühe Bonding. Jedoch reichen diese frühen Erfahrungen nicht aus, um ein langfristig sicheres Bindungsmuster zu entwickeln. Das heißt, Bindung benötigt immer neue Impulse und braucht Entwicklung.

Was bedeutet dies für Eltern und Bezugspersonen? Ein Kind benötigt Freiraum für Bewegungs- und Wahrnehmungserfahrungen, um motorische und emotionale Entwicklungsschritte zu erleben.

Eine gesunde Ernährung, ausreichend Schlaf, frische Luft, altersgemäße Entwicklungsanregungen und eine gute Rundumversorgung sind für die gesunde Entwicklung eines Kindes notwendig.

Ein oft unterschätzter Bereich ist das Bedürfnis des Babys nach Bindung. Für einen Säugling ist es unerlässlich, Nähe, liebevolle Blicke, Verlässlichkeit, Zwiesprache und Reaktionen auf seine Äußerungen von Bedürfnissen und Nöten (Hunger, Müdigkeit, Überwältigung von eigenen Gefühlen wie Wut, Angst oder Sehnsucht) zu erfahren, um sich an eine Person binden zu können. Diese sichere Bindungsperson wird vom Säugling nach ihrer Feinfühligkeit ausgewählt.

Oft helfen uns Kurse, in denen wir lernen unsere Babys angemessen in ihrer Entwicklung zu begleiten. Für viele Eltern ist diese Möglichkeit, sich coachen zu lassen, wunderbar und eine große Unterstützung. Die meisten Eltern sind insgesamt unsicherer geworden, da ihnen heutzutage, ohne den Rückhalt einer Großfamilie, eine große Verantwortung obliegt.

Um ein Stück Sicherheit und neue Ideen zu erhalten, sind viele dieser Angebote für Eltern und Kinder empfehlenswert. Jedoch sollten Sie sich als Eltern Intuition und Feinfühligkeit für Ihr eigenes Kind bewahren – also unbedingt auf Ihr Bauchgefühl achten. Alle Eltern und Kinder haben verschiedene Temperamente und benötigen deshalb unterschiedliche Angebote.

Mein Baby war erst ein paar Tage alt, da wurde mir schon gesagt, ich müsse uns für einen PE-KIP-Kurs (Prager Eltern-Kind-Programm) anmelden, die Plätze wären schnell vergeben.

Ich bekam das Gefühl, ich würde meinem Baby etwas Wichtiges vorenthalten, wenn wir das verpassen würden. Später waren es dann Krabbelgruppen, Spieltreffs und Turnangebote. Und wann immer ich auf andere Eltern traf, wurden neue Dinge gesagt, die man zu leisten hätte, um sein Kind optimal zu fördern.

Und natürlich kamen auch Erziehungstheorien und -praktiken zur Sprache, so dass ich mich oftmals gar nicht traute, mit meinem Kind so umzugehen, wie

Bausteine der Bindungsentwicklung

„Bindung bedeutet, dass ein Kind in schwierigen Situationen Sicherheit, Schutz und Geborgenheit erleben kann."

Konrad Stauss

Mit vielen verschiedenen Bausteinen zur sicheren Bindung.

- Weinen des Säuglings
- Lächeln und Blickkontakt
- Festklammern
- Zur Bezugsperson krabbeln
- Körperliche Nähe und Feinfühligkeit
- Emotionale Offenheit
- Einfühlungsvermögen
- Langeweile
- Zeit nehmen
- Halt geben und Enttäuschungen mittragen
- Entspannung schaffen
- Strukturen und Grenzen
- Rituale leben
- Bezugspersonen als Vorbild
- Selbständigkeit und eigene Erfahrungen
- Unterschiedlichkeit der Kinder

Weinen des Säuglings

„Frühkindliches Weinen ist Kommunikation und will uns etwas Dringendes sagen." Harms (Hrsg.) S. 71 Wie das Schreien des Babys von den Eltern beantwortet wird und welche Erfahrungen es in diesen Situationen erlebt, sind prägend für sein ganzes weiteres Leben. Sprechen Sie mit Ihrem Baby z. B. darüber, dass es einen anstrengenden Weg auf diese Welt hatte, dass Sie bei ihm sind und es nicht allein lassen werden. Oder erzählen Sie, was Sie gerne Wohlwollendes auf sein Schreien antworten möchten. Reagieren Sie auf das Weinen nicht nur sprachlich, sondern mit liebevoller Berührung und Blickkontakt. Vertrauen Sie dabei Ihrem Bauchgefühl.

Bitte entgegnen Sie dem kindlichen Schreien nicht mit Verweigerung – dies ist für das Kind die erste negative Erfahrung des Alleingelassen-Werdens.

Schenken Sie dem Säugling, gerade wenn er weint, Liebe und Geborgenheit. Er fühlt sich dabei emotional gehalten, getröstet und begleitet.

Eine berührende DVD zu diesem Thema ist die Geschichte vom weinenden Kamel:

„In der unendlichen Weite der Wüste Gobi kommt ein kleines, weißes Kamel zur Welt. Die Mutter verstößt es, und ohne die nahrhafte Muttermilch ist das Junge dem Tode geweiht. Nur ein uraltes Ritual kann den Nomaden noch helfen – sie müssen die Kamelmutter mit Hilfe eines Musikers zum Weinen bringen und so ihr Herz erweichen. In dem Film entsteht eine liebevolle Geschichte von der Suche nach Geborgenheit und Zugehörigkeit. Ein bewegendes Gleichnis von dem Bedürfnis nach Liebe, das jedem Lebewesen eigen ist." DVD Cover: Der Spiegel

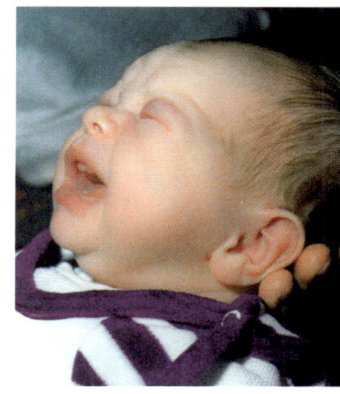

Ein Kind benötigt beim Weinen den Trost der Eltern und die warmen, haltgebenden Hände.

„Zögerlicher oder fehlender Trost macht aus dem Kind ein unsicheres, anhängliches Kleinkind, das kein Vertrauen zu sich und seinen Eltern hat."
Diedrichs/Olbricht

Lächeln und Blickkontakt

Das gemeinsame Lachen sowie die Reaktion auf das Lächeln des Kindes sind für die Entwicklung der Bindung entscheidend.

Das Kind erhält die Botschaft: Ich bin für meine Eltern wichtig, ich werde gesehen und ich kann mit meinem Schreien und Lächeln etwas bewirken. Wenn wir entsprechend reagieren, wird das Baby seine Gefühle und seine eigenen Impulse weiter entwickeln. Das hat für die Bindungsfähigkeit, die Eigenmotivation und die Entwicklung der eigenen Sicherheit positive Auswirkungen. Der Säugling fühlt sich willkommen.

Dieses winzig kleine Baby zeigt schon das Vorlächeln, auch „Engelslächeln" genannt. Das Baby zieht reflexhaft seine Mundwinkel hoch, meistens im Schlaf mit geschlossenen Augen. Uns Erwachsene verzaubert dieses Engelslächeln und löst warmherzige, beschützende Gefühle aus. Wenn wir das Engelslächeln des Babys im Schlaf beobachten, ist die Anstrengung unseres Tages bereits relativiert und positive Gefühle werden in uns ausgelöst.

In der dritten oder vierten Woche ist das Lächeln auch in den Augen des Babys zu sehen. Lachende Augen! Ist das Schreien des Babys erst als ein angemessenes Mittel, seine Eltern herbeizurufen, etabliert, so entwickelt es mit ungefähr fünf bis sechs Wochen eine neue Möglichkeit, die Eltern länger bei sich zu halten – mit seinem Lächeln! Vgl. Barth/Markus S. 38

Das sogenannte „Baby-Face", die besondere Art des Babylächelns, löst in Erwachsenen Freude, Glück, Bestätigung und ein Dahinschmelzen aus. Die Eltern verbringen gerne Zeit bei ihrem Baby, und so bekommt der Säugling, was er braucht – Liebe, Geborgenheit, viel Beachtung und Schutz. Das Baby lächelt, und die Bezugsperson, wenn sie einfühlsam ist, lächelt zurück.

Mit etwa vier Monaten entdeckt das Baby bewusst das Lachen. Es kann lauthals heraus lachen, der Körper kann dabei zittern, das Kind schnappt nach Luft, der Spaß soll immer weiter gehen. Vgl. Barth/Markus S. 38 Der Ausdruck an nicht sprachlichen Mitteilungen und Stimme gewinnt an Bedeutung. Das Lächeln wird zur feinfühligen Unterhaltung.

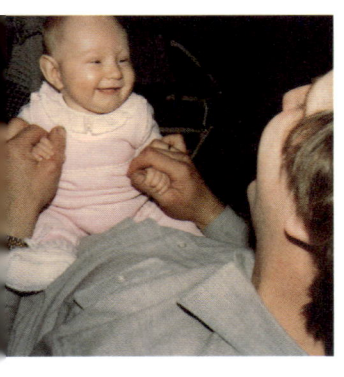

Ihr Baby fühlt sich durch Ihr Lächeln willkommen und positiv bestätigt.

Blickkontakt im Alltag mit dem Kind

Wir gehen mit dem Kind im Buggy spazieren, wir spielen mit dem Kind, und dabei klingelt unser Handy, wir schreiben häufig SMS oder sind mit anderen ins Gespräch vertieft. Zwischendurch lächeln wir zu unserem Kind! Das Hauptaugenmerk liegt aber auf dem Handy oder Telefon, Computer oder anderen Dingen. Wenn diese Situation ständig passiert, wird in dem Kind verankert, ich bin nur am Rande wichtig. Vielleicht gibt es am Telefon gerade Stress oder Ärger – das Kind bezieht die Gefühle der Mutter/des Vaters automatisch auf sich, besonders je jünger es ist.

Kinder beziehen die Gefühle der Eltern automatisch auf sich.

Was bedeutet dies nun für uns Erwachsene, die ihrem eigenen oder anvertrauten Kind eine positive Entwicklung und gute Bindung wünschen und dennoch häufig abgelenkt sind? Wir müssen dem Kind nicht 24 Stunden am Tag Präsenz zeigen. Wer kann das schon als Bezugsperson leisten und welches Kind kann das aushalten? Jedoch sollte es immer Phasen der intensiven emotionalen Zuwendung geben. Direkter Blickkontakt vermittelt dem Kind Anerkennung, veranschaulicht ihm unsere Gefühle und zeigt die Wichtigkeit der Beziehung, unabhängig vom Alter des Kindes. Mit den Augen geben wir die Botschaft: Du bist mir wichtig, ich sehe dich! Gordon Neufeld nennt dies auch den „Bindungstanz".

„Wenn das Kind lächelt und Blickkontakt aufnimmt, ist es erst bereit in Bindung zu gehen."
Gordon Neufeld

Festklammern

Kleinstkinder halten sich am Bein des Vaters oder der Mutter fest, sie umklammern es förmlich. Damit zeigen sie, dass die Bezugsperson nicht weggehen, sie nicht alleine lassen darf oder dass sie auf den Arm möchten. Beides bedeutet: Ich möchte deine Nähe, ich brauche dich! Auch hier ist eine entscheidende Botschaft für das Kind erfahrbar, wenn der Erwachsene feinfühlig reagiert: Ich bin nicht allein, ich werde mit meinen Bedürfnissen wahrgenommen, ich bekomme Sicherheit.

Zur Bezugsperson krabbeln

Beim Krabbeln zur Bezugsperson ist zu beobachten, dass sich das Kind entfernt und zurückblickt, es braucht die Bestätigung über Worte oder die Verbindung über Blickkontakt. Das Kind braucht ein „O. K." und die Botschaft der Bezugsperson „Ich bleibe hier und warte auf dich" – so wird ihm Sicherheit vermittelt. Das Krabbelkind entfernt sich und kommt meist schnell krabbelnd zurück. Das wird wiederholt, die Entfernungen werden größer, je sicherer das Kind sich fühlt, und das Zurückgucken wird seltener. Hier ist besonders die Verlässlichkeit der Mutter/des Vaters von Bedeutung.

Körperliche Nähe und Feinfühligkeit

Verlässlichkeit in der Bindung ermöglicht dem krabbelnden Kind sich eigenständig zu entfernen, um das nahe Umfeld zu erkunden.

Die körperliche Nähe zum Baby und Kleinkind ist notwendig, da über die Haut eine starke Aufnahme von Emotionalität stattfindet. „Der Säugling schlemmt, während er hingebungsvoll an der Brust nuckelt. Bei diesem Schlemmen holt sich das Baby all die Wärme, Zuwendung und Geborgenheit, die es für sein Dasein dringend braucht." Marcella Barth S. 36

Mit diesen emotionalen Erfahrungen kann das Kind aufnahmebereit sein für alle anderen Sinneseindrücke und Wahrnehmungserfahrungen und diese im Gehirn integrieren. Ohne die liebevolle Berührung und Zuwendung von Bezugspersonen würden wir gefühlsmäßig vereinsamen oder krank werden.

Jedes Kind und jeder Erwachsene benötigt eine eigene Art der Berührung und der Intensität. Durch den sensiblen Umgang mit dem Kind trainieren die Eltern sein Gehirn und leisten damit eine sehr wichtige Förderung des Kindes – so entscheidend und doch in unserer Gesellschaft so wenig geschätzt. Nehmen Sie Ihr

Kind in die Arme, halten liebevollen Blickkontakt, legen es auf Ihren Körper, so dass es Ihr Herz hört. Bei älteren Kindern setzen Sie sich einfach an den Rand der Sandkiste, gucken zu und ermutigen mit Ihrem Blick, mit Streicheln oder dem Reichen einer Schaufel. All das ist Nähe und Verbundenheit!

Das Zeigen von körperlicher Nähe und Verbundenheit von Elternseite verändert sich mit dem Älterwerden des Babys, des Kindes und des Jugendlichen. Aber egal, wie alt ein Mensch ist, wir benötigen alle grenzachtende Nähe und Berührung, einen liebevollen Arm zum Weinen und zum Freuen, sowie liebevolle Worte und Anerkennung.

Es geht im Umgang mit Kindern nicht um die großen Ereignisse im Alltag. Wichtig sind die grundlegenden Empfindungen und der alltägliche überwiegend feinfühlige, achtungsvolle Umgang miteinander. Als Eltern können und müssen wir nicht den ganzen Tag und Abend das Kind in den Mittelpunkt stellen. Es ist gut für die Eigenständigkeit, dass Kinder lernen, auch mal abzuwarten, zurückzustecken und in Zeiten, in denen die Eltern beschäftigt sind, alleine zu spielen. Der zeitliche Umfang der ganz intensiven Zuwendung verkürzt sich mit dem Alter des Kindes. Wenn wir uns Zeit für das Kind nehmen, sollten wir versuchen, diese Zeit emotional zu nutzen, ohne nebenbei das Kind zurückzuweisen oder zu bewerten. Emotionale Verletzungen des Kindes durch Nichtbeachtung, Bloßstellen und Zurückweisung von ihren Bezugspersonen sind sehr schmerzhaft. Kinder verschließen so ihre Offenheit, ihre Gefühle und ihre Lebensenergie. Kinder brauchen verlässliche Erwachsene, an denen sie sich orientieren können. Wenn Sie Ihrem Kind Geborgenheit geben, wird es sich sicher bei Ihnen fühlen und auch seine Gefühle zeigen. Denn Kinder brauchen diesen sicheren Platz für ihre Tränen und Freuden.

Auch große Kinder und Jugendliche suchen Nähe und einen schützenden Arm.

Egal wie alt ein Mensch ist, er benötigt Nähe, Anerkennung und Berührungen.

> *„Mein Sohn sollte mir in der Küche helfen, aber als ich ihn rief, bekam ich ein „gleich" zur Antwort. Als ich ihn wenig später abermals rief, ertönte wieder ein „gleich". Also stand ich irgendwann wütend in seinem Zimmer und meckerte ihn an, dass er zu kommen hätte, wenn ich ihn riefe. Frustriert ließ er seine Sachen liegen und sagte beim Verlassen des Zimmers: „Ihr sagt das doch auch immer und meistens kommt ihr dann gar nicht."*
>
> *Das hatte mich zum Nachdenken gebracht – er hatte Recht. Als er mich dann am Abend rief, sagte ich zwar wieder „gleich", aber kurz darauf ging ich auch zu ihm."*
>
> Tom F. aus Buchholz

Emotionale Offenheit

Emotionale Offenheit hört sich groß an, ist selbstverständlich und trotzdem fällt sie den meisten Eltern schwer. Zu diesem Bereich gehört unter anderem, das Weinen des Kindes aushalten zu können und das Baby nicht mit seinen Gefühlen alleine zu lassen. Ein Kind benötigt beim Weinen Eltern, die trösten und Halt geben, ihre warmen Hände, in den Arm genommen zu werden und weinen zu dürfen, bis es sich reguliert oder für das Erlebnis genug Tränen geweint hat. Fast alle Erwachsenen möchten möglichst schnell das Weinen ihres Kindes abstellen – oft durch Ablenkung. Jedoch ist dies nur durch eine Körperentspannung bei Eltern und Baby möglich.

Spätestens wenn die Frage „Was hat es denn?" von außen kommt, fühlen sich die Eltern unter Druck gesetzt, das Geschrei ihres Kindes schnell zu beenden, statt zu sagen: „Manchmal müssen Babys einfach nur mal weinen und brauchen Nähe." Wenn alle anderen Grundbedürfnisse befriedigt wurden und das Baby scheinbar grundlos weiter schreit, dann braucht es begleitende Nähe. Wenn wir diese Situation annehmen und verinnerlichen können, fällt es uns selbst viel leichter, das Weinen auszuhalten und zu trösten.

Das Ausleben der Gefühle, besonders des Weinens, ermöglicht dem Kind eine Entspannung. Das Weinen wird häufig als Reinigen des Körpers verstanden. Als Eltern können wir dem Baby helfen, indem wir es halten und selber in unseren Bauch atmen, um eine Entspannung in unserem Körper unterstützend für das Baby zu erreichen.

Ohne die Entspannung in dieser gemeinsamen Zeit lassen sich Eltern vom Stresserleben des Kindes anstecken und fühlen sich dann fast so wie ihr Baby. Entscheidend für ein Kind ist die Erfahrung, Gefühle eigenständig leben und verändern zu können. Dafür benötigt es haltgebende Eltern.

„Das Schreien des Babys ruft die Eltern heran, damit sie schauen, was los ist und damit sie den Mangel beheben."
Thomas Harms

„Wenn Luca wieder anfing grundlos zu schreien und es von allen Seiten Ratschläge und Kommentare hagelte, nahm ich ihn ganz fest in meinen Arm und war ganz bei ihm.

Es war mir egal, ob die anderen der Meinung waren, ich würde ihn verhätscheln, weil es genau das war, was wir beide brauchten. Selbst die Schreizeiten habe ich auf diese Weise sehr intensiv und positiv erlebt.

Manchmal fehlt es mir, ihn nochmals so viel so fest halten zu können, weil er das mit seinen zehn Jahren mittlerweile nicht mehr so mag. Aber manchmal sitzen wir zusammen vor dem Fernseher und dann kuschelt er sich an. Die Nähe wird bleiben, auch wenn er nicht mehr mein kleines, schreiendes Baby ist."

Selina P. aus Köln

„Viele Erwachsene können mit Stress nicht umgehen, weil ihnen in der Kindheit niemand bei Kummer geholfen hat."
Margot Sunderland

Eltern benötigen Pausen, um aus der eigenen Stress-spirale heraus zu kommen.

Unterstützung in der Schreisituation

Oft gibt es keinen erkennbaren Grund für das Weinen eines Kindes, dennoch ist besonders in dieser Situation die Wärme, das Streicheln, die Stimme und die Nähe der Bezugsperson entscheidend.

Denn all das gibt dem Baby das Gefühl, geborgen und sicher zu sein. Wenn das Schreien nicht aufhört – lassen Sie Ihr Kind nicht länger alleine im Bett oder gar in einem anderen Raum schreien, da Sie meinen, das Schreien bleibt gleich, egal ob Sie das Baby im Arm halten oder nicht. Für die emotionale Entwicklung eines Kindes und das zu entwickelnde Bindungsmuster ist dies ein gewaltiger Unterschied!

Das Kind auf dem Arm verinnerlicht: „Ich werde nicht allein gelassen und bekomme Unterstützung." Das Baby alleine im Bett speichert ab: „Ich bin auf mich gestellt. Wenn ich überleben will, muss ich aufhören zu schreien. Mir hilft keiner. Ich bin alleingelassen!" Auch Gefühle von Spaß, Freude, Kummer und Wut wollen mit der Bezugsperson geteilt werden.

Helfen Sie sich selbst, wenn Sie in innere Aufregung und damit in eine Stressspirale kommen. Geben Sie das Baby dem Vater/der Mutter, dem Babysitter, der Oma oder dem Opa auf den Arm. Sie haben nicht versagt, es ist vielmehr eine große Stärke, für sich und damit auch für das Kind zu sorgen!

Holen Sie sich Energie durch eine Atempause, versuchen Sie zu entspannen und sorgen Sie gut für sich. Danach sind Sie für die Bedürfnisse Ihres Babys wieder offen und können mit Herz und emotionaler Offenheit geben.

Unterstützung in der Angst-/Schulsituation

Eine häufige Situation im Alltag mit Schulkindern ist folgende: Das Kind ist aufgeregt vor der Schule oder einer bevorstehenden Klassenarbeit. Viele Eltern steigern sich mit ihrem Kind in diese Situation hinein, sie erleben die Angst des Kindes als ihre eigene frühere Angst. Das ist eine Vermischung von eigenen Schulerfahrungen mit denen des Kindes und so potenzieren die Eltern die belastenden Gefühle ihres Kindes. Was bleibt, ist die Aufregung vor den Arbeiten und diese verstärkt sich nach außen und im inneren Erleben des Kindes. Die Aufgeregtheit oder die Unsicherheit wird so verstärkt und lässt Panik vor Arbeiten entstehen, die bis zur Schulverweigerung führen kann.

Übrigens ist ein häufig zu beobachtendes Verhalten bei Schulverweigerung die nicht aufgelöste Symbiose (zu enge oder unsichere Bindung) von Schulkind und Elternteil. Die Eltern würden ihrem Kind jedoch sehr helfen, wenn sie nicht in dieses Gefühlskarussell einsteigen, sondern durch Rituale dem Schulkind ermöglichen, die Situation zu überwinden. Das ist emotionale Offenheit gegenüber emotionaler Verstrickung. Durch Verstrickungen im Bereich der Gefühle zwischen Kind und Elternteil wird die Bindung zum Kind viel eher geschwächt und belastet. Deshalb ist es notwendig, als Eltern aus diesem Verhalten auszusteigen und es durch Rituale und Struktur zu ersetzen. Zudem ist Verstrickung immer auch ein Zeichen von Hilflosigkeit und Handlungsunsicherheit. Oftmals brauchen Eltern professionelle Hilfe, um aus der emotionalen Verstrickung wieder zu einer emotionalen Offenheit gegenüber ihrem Kind zu gelangen.

Rituale können je nach Familie sehr unterschiedlich sein.

Hier einige Beispiele:

Doch vorab: Lassen Sie sich nicht unter Druck setzen, Sie sollen die Aufzählung nicht abarbeiten! Vielmehr kommen Ihnen durch die Beispiele vielleicht Ideen, welche zu Ihrer Lebenssituation passen oder Ihnen Freude bereiten könnten.

- Eine Rückenmassage, ein warmes gut duftendes Bad oder Fußbad am Abend vor der Klassenarbeit. Das wird Ihr Kind in Entspannung bringen und ihm ein Gefühl von körperlicher Wärme und Nähe geben. Wenn wenige Worte benutzt werden, dann wirkt die äußere Wärme auf tieferer Ebene im Kind. Die Entspannung bewirkt beim Kind, dass es ein Gefühl zu sich und seinem Können entwickeln kann. So erlebt es, dass es seine Gefühlssituation eigenständig verändern kann.
- Die Ängste des Kindes ernst nehmen, aber nicht ständig darüber sprechen.
- Fahren Sie mit ihrem Kind eine lange Strecke mit dem Fahrrad oder treiben Sie zusammen Sport. Jede Art von Bewegung, Toben und Klettern ist unterstützend. All das löst Ängste und Anspannungen.
- Schlagzeug spielen, alles rund um die Musik kann entlastend wirken.
- Das Kind beim Lernen mit Tee, Kakao, einem Gemüse- oder Obstteller versorgen, so dass es eine Fürsorge erfährt, aber keine Fixierung auf die Angst der Klassenarbeit. Ein Stück Normalität in den Tag oder Abend bringen. Nutzen Sie vertraute Rituale.
- Dem Kind morgens einen kleinen Glücksbringer hinlegen, aber keine Diskussion über die anstehende Klassenarbeit führen.
- Nüsse, einen Schokoriegel etc. zur Stärkung für die Arbeit mitgeben. So haben Sie unterstützt, aber nicht die Ängste in den Vordergrund gestellt.
- Helfen Sie sich selbst, wenn Sie selbst in innere Aufregung und damit in eine Stressspirale kommen.
- Holen Sie sich Unterstützung als Mutter/Vater oder teilen Sie sich als Eltern diese Aufgabe, das Kind gefühlsmäßig zu begleiten. Sie haben nicht versagt, es ist vielmehr eine große Stärke, für sich und damit auch für Ihr Kind zu sorgen!
- Lassen Sie das Leistungsthema nicht Ihren Alltag

bestimmen.
- Nicht an ständiger Kritik des Kindes festhalten.
- Einsicht benötigt sichere Bindung.
- Anerkennung, Bestätigung, Zutrauen und Lob wirken Wunder und schaffen Beziehung.
- Klarheit vermittelt Verlässlichkeit.
- Viel Lachen und Toben lockert die Familiensituation und damit das Kind. Gönnen Sie sich Spaß mit Ihren Kindern!

Bei den bisher beschriebenen Erfahrungen entwickeln sich unser Bindungsverhalten, unser Deutungsmuster sowie unser Selbstbild, welche uns dann lebenslang begleiten. Dieses hat großen Einfluss auf unsere Sicherheit oder Unsicherheit in Bezug auf andere Menschen, unseren Partner, unsere Freunde, unsere Schul- und Berufserfahrungen, unsere Kinder und unser Selbst. Wie die einzelnen Erlebnisse wirken, ist abhängig von der Persönlichkeit des jeweiligen Kindes und dessen Temperamentes.

Erlauben Sie sich mehr Gelassenheit im Umgang mit Ihrem Kind. Das führt zu einem positiven Miteinander und damit zu Sicherheit in der Beziehung. Sie sollen nicht perfekt sein, das braucht kein Kind.

„Die Bindung an die Mutter wird für einen Menschen zum Modell für alle weiteren Beziehungen, in denen emotionale Nähe entsteht."
John Bowlby

Einfühlungsvermögen

Kinder, welche die Möglichkeit bekommen, sich beim Toben, Kämpfen, Boxen, Klettern oder Spielen selbst zu spüren und Stärken und Schwächen am eigenen Körper zu erleben, werden auch ein Gefühl für die Grenzen anderer Menschen und für Zwischenmenschlichkeit entwickeln.

Es entsteht das sogenannte empathische Verhalten, einfühlsames Handeln, welches unverzichtbar im Miteinander und gerade im Schulalltag ist. Nur ein Kind mit Einfühlungsvermögen wird in der Familie, der Kin-

Durch die eigenen körperlichen Erfahrungen entwickelt sich das Einfühlungsvermögen.

dertagesstätte, der Schule und dem Sportverein ein Kind sein, das mit anderen Personen mitfühlen kann, Grenzen akzeptiert und Situationen einzuschätzen weiß.

Bei Kindern, die Einfühlungsvermögen vorgelebt bekommen und dieses verinnerlichen, wird die Hemmschwelle, andere mit Worten verbal oder körperlich zu verletzen, sehr viel höher sein. Denn ein Kind mit angemessener Bindungs- und Empathie-Erfahrung wird sich einfühlen können. Es kann mitfühlen, wie es anderen Menschen geht, und auch trösten und auf Gefühle angemessen reagieren.

Langeweile

Ein Kind muss sich langweilen dürfen, das ist relevant für seine innere emotionale Entwicklung, denn alle Erfahrungen im Alltag benötigen Zeit für die Verarbeitung im Gehirn – bei Kindern wie Erwachsenen.

Jeder Sportler macht nach einer Anstrengung eine Pause, ansonsten kommt es zu körperlicher Überanstrengung mit kurz- oder sogar langfristigen Folgen. So ist es auch mit unserem Gehirn. Wenn Kinder zu sehr überfordert werden, kommt es laut verschiedener Wissenschaftler zu Schädigungen, welche sich auf die Bindungsfähigkeit und die Nervenbahnentwicklung auswirken können. Eine alters- und entwicklungsangemessene Unterstützung, Forderung und Förderung eines Kindes ist durchaus notwendig.

Aus Langeweile entsteht Kreativität. Kinder, die ständig beschäftigt und abgelenkt werden, finden schwieriger Lösungen für gestellte Aufgaben als Kinder, die Chancen und Zeit für eigene Ideen und eigene Erfahrungen bekommen. Mitunter ist es sehr anstrengend, wenn ein Kind nörgelt und jammert, weil es nicht weiß, was es tun soll. Es wird aber sicher irgendwann eine Idee bekommen und diese plötzlich motiviert und be-

Aus Langeweile entsteht Kreativität. Diese Ideen stärken das Selbstwertgefühl des Kindes.

geistert umsetzen. Diese eigenen Ideen stärken das Kind und fördern sein Selbstbewusstsein.

Langeweile kann zehn Minuten, eine Stunde oder länger dauern. Wenn das Kind genügend Aufmerksamkeit, Zutrauen und intensive Zuwendung von den Eltern bekommen hat, wird es zu eigenem Spiel und zu seiner Kreativität finden.

Eine andere Situation ist es, wenn Eltern oder andere Erwachsene ständig das Spiel des Kindes unterbrechen. Mit dieser Erfahrung wird kaum ein Kind in intensive Spiele und eigene Ideen abtauchen können. Geben Sie Ihrem Kind Zeit und Freiheit zum Spielen, gönnen Sie ihm Langeweile und eigene Erlebnisse.

Zeit nehmen

Ein Säugling kann nicht warten. Das Urvertrauen kann sich nur mit direkter Bedürfnisbefriedigung entwickeln. Mit ungefähr neun Monaten kann Ihr Baby eine ganz kurze Zeit abwarten. Später dann ein Spiel zusammen zu spielen und es auch in Ruhe mit dem Kind zu beenden, das zeigt dem Kind: Du bist mir wichtig. Wenn wenig Zeit zur Verfügung steht und das Kind etwas älter ist, kann auch ein zeitlicher Rahmen abgesprochen werden. Eine Sanduhr, ein Wecker oder ähnliches können dabei hilfreich sein und Eltern entlasten.

Bei den Mahlzeiten gibt es gute Gelegenheiten, wertvolle Zeit miteinander zu verbringen: Gemeinsames An-den-Tisch-Setzen, Blickkontakt halten, Zuhören und Zeit geben zum Essen und Sprechen – eine alltägliche Situation, die dem Kind viel Sicherheit gibt und die Grundlage für eine spätere gute Bildungsmöglichkeit ist. Nutzen Sie diese Situation für Gespräche über den Tag, Pläne, lustige und interessante Begebenheiten! Vermeiden Sie am Tisch jedoch Kritik und das Auferlegen von Pflichten, wenn irgend möglich.

> Ein Säugling kann nicht warten. Das Urvertrauen kann sich nur mit direkter Bedürfnisbefriedigung entwickeln.

Jedes Kind benötigt Zeit zum Spielen und zum Ausprobieren.

„Wenn Verletzungen zu sehr schmerzen, dann verschließen wir unser Herz."
Gordon Neufeld

Jedes Kind benötigt auch freie Zeit zum Spielen und Ausprobieren, um dabei eigene Erfahrungen zu sammeln. Nur so kann sich ein Kind individuell entwickeln. Kontrollieren Sie nicht jedes Spiel und jeden Streit Ihres Kindes. Kinder bewerten Situationen oft ganz anders als Erwachsene.

Halt geben und Enttäuschungen mittragen

Wir können unser Kind mit Einfühlungsvermögen begleiten und ihm Halt geben, so dass es entwicklungsangemessene Fehler machen darf – denn daraus lernen alle Menschen am meisten – und sich so selbstbewusst entwickeln wird.

Als Eltern dürfen wir ebenfalls Fehler machen, so dass das Kind traurig und enttäuscht oder wütend ist. Frustrationen erleben heißt, an ihnen zu wachsen. Das gehört zu einer Beziehungsgestaltung dazu. Wir dürfen unserem Kind nicht die Schuld für unsere Fehler und Unzulänglichkeiten geben, sondern als Erwachsener die Verantwortung dafür tragen. Selbst ein Streit mit vielen Emotionen, aber ohne Entwertung, wird die Bindung fördern. Den vermeintlich perfekten Eltern fehlt oft die echte emotionale Nähe zum Kind. Äußerlich perfekt heißt noch lange nicht im Herzen perfekt zu sein! Mit dem Anspruch auf Perfektion verlieren wir häufig auch unser Bauchgefühl und damit das Gefühl der Verbundenheit.

Je älter das Kind ist, desto länger wird es abwarten können. Spätestens wenn ein Kind zur Schule kommt, sollte es abwarten können und wissen, dass es warten muss, bis der Lehrer einen Schüler an die Reihe nimmt, dass es auf seinem Platz bleibt, bis es zur Pause klingelt, dass es nicht dazwischen redet. Wenn ein Kind dies nicht durch Vorleben, sogenanntes Modell-Lernen oder durch den respektvollen Umgang mit ihm erfahren hat und es durch ein unsicheres Bindungs-muster innerlich irritiert ist, wird es diese Anforderun-gen in der Schule nicht erfüllen können.

Es kann sich auch das Bindungsmuster einer Lehr-kraft auf das Kind übertragen und so ein Schulkind ver-unsichern. Leider wird das unsichere und ambivalente Bindungsmuster von den Symptomen und Verhaltens-weisen her oft mit einer Aufmerksamkeits-Defizit-Hyper-aktivitäts-Störung (ADHS) verwechselt. Dabei gibt es feine Unterschiede, welche in der Kindertagesstätte/ im Schulalltag oft nicht berücksichtigt werden können.

Kinder sehnen sich nach Anerkennung und Zugehörigkeit.

Die Kinder erfahren ständige Ausgrenzung, wün-schen sich nichts sehnlicher als Anerkennung, Zu-gehörigkeit und verlässliche spürbare Bindung. Sie wollen gehalten werden, um ihre eigene Struktur zu entwickeln.

Kinder wie auch Erwachsene können nur begrenzt Enttäuschungen aushalten und benötigen einen Ort zum Traurig-sein-Dürfen. Zu viele Enttäuschungen blockieren die Entwicklung des Kindes und das Gefühl von Verlässlichkeit. Es ist daher die Aufgabe von allen Erwachsenen, jedem Kind viele positive Erfahrungen zu ermöglichen.

„Ich dachte, es wäre wichtig, Enttäuschungen von meiner Tochter fernzuhalten. Wenn sie doch welche erleben musste, litt ich stark mit ihr und tröstete sie mehr, als es angebracht gewesen wäre. Für jede Enttäuschung fand ich sofort ei-nen Ausgleich, der sie davon ablenken sollte. Ich wusste nicht, dass ihr damit eigentlich mehr ge-schadet als geholfen wurde. Je älter sie wurde, umso frustrierter wurde ich, wenn sie nicht ver-nünftig auf Änderungen reagierte. Fiel eine Spiel-verabredung aus, schrie meine Neunjährige wie

Entspannung schaffen

Verschaffen Sie sich und Ihrem Baby Entspannung, wann immer möglich. Wenn das Baby sehr lange schreit, sehr unruhig und angespannt wirkt, sollten Sie auf verschiedene Handlungsmöglichkeiten zurückgreifen können.

Ein Beispiel wäre, selber tief zu atmen, um die eigene Anspannung so gering wie möglich zu halten. Oder zu überlegen, was Sie entspannen könnte, z. B. schöne Musik oder ein Spaziergang mit dem Baby auf dem Arm oder im Tragetuch oder auch ein warmes Fußbad, um sich selbst von innen zu wärmen. Trinken Sie einen Tee und wechseln Sie wenn möglich mit dem Baby den Raum in der Wohnung. Lassen Sie frische Luft herein. Überlegen Sie, was zur Entspannung zu Ihnen und Ihrem Baby passt. Planen Sie für den Tag kleine Pausen ein, in denen Sie gut für sich selbst sorgen. Vielleicht ist es auch hilfreich, einen Babysitter für den Nachmittag zu organisieren. Vielleicht würde sich auch eine Oma/ein Opa in der Nachbarschaft freuen, das Baby auf einem Spaziergang ausfahren zu dürfen. Am Abend sollten Sie sich selbst für das Geleistete des Tages belohnen, z. B. mit einem Obstteller, einer DVD oder einer kuscheligen Decke. So erkennen Sie Ihren eigenen Stress und Ihre eigene Leistung an.

Wenn Sie Ihre Anspannung merken, lassen Sie sich

Geborgenheit verschafft Ruhe und Ausgeglichenheit und verleiht innere Sicherheit.

von Ihrem Partner massieren oder gehen zur Massage. Das Geld ist gut investiert! Treffen Sie sich alleine mit Freunden, tanken Sie außerhalb des Hauses auf, gehen Sie zum Sport. Geben Sie Ihrem Alltag eine Struktur durch Grenzen, Rituale, Freiheiten und Regeln, dann haben Sie für die gesunde Entwicklung ihres Kindes viel geleistet. Das alles stärkt auch die Bindung zu Ihrem Kind. Jede Mutter und jeder Vater braucht Pausen und Momente ganz für sich allein! Schließlich hat auch jeder Arbeitnehmer feste Pausenzeiten. Geben Sie Ihrem Alltag Struktur und Klarheit und dadurch Entspannung. Und nehmen Sie als Eltern Hilfe an.

Struktur und Grenzen

Um eine sichere Bindung zum Kind aufbauen zu können, sollten Eltern für ihre Kinder vorhersehbar und damit verlässlich sein. Das bedeutet nicht, dass beide Elternteile in allen Grenz- und Regelsetzungen übereinstimmen müssen. Jeder Elternteil sollte verlässlich einzuschätzen und damit Halt gebend sein. Zeigen Sie, bei unterschiedlichen Vorstellungen im Umgang mit dem Kind, dass Sie Ihren Partner und dessen Entscheidungen respektieren. Abwertungen und Bewertungen vor dem Kind schwächen die Kompetenz des Elternteils und die Vorbildfunktion der Mutter und des Vaters, aber auch der Erzieherin oder des Lehrers ganz enorm.

Jedes Kind benötigt Grenzen, um sich sicher fühlen zu können. Es sollte dabei aber genauso wenig in seiner Experimentierfreude und Freiheit eingeschränkt werden. Grenzen geben dem Kind Sicherheit und Struktur – für den späteren Schulalltag und die spätere Lebensgestaltung. Die Entwicklung des Kindes wird durch verlässliche Abläufe getragen, z. B. beim Essen am Tisch sitzen bleiben, nach der Toilette die Hände

Grenzen sollten so gesetzt werden, dass sie nicht abhängig von unseren Befindlichkeiten, sondern allgemeingültig sind und in der Anforderung dem Alter des Kindes entsprechen.

waschen, Anschnallen im Auto und regelmäßiges Zäh-
neputzen.

Ein Kind kann erst nach dem zweiten Geburtstag
ernstgemeinte, durch Stimme und Wortwahl, mit emotionaler Beteiligung gesetzte Grenzen akzeptieren. Zu
viele Grenzen und „Neins" im Alltag bewirken, dass
das Kind nicht mehr realisieren kann, wann es sich daran halten muss, und so alle Grenzen überschreitet.
Es entsteht eine Inflation von Grenzen. Das Kind ist
überfordert und reagiert dementsprechend gestresst.

Mit emotionaler Nähe und sicherer Bindung zum
Kind ersparen Sie sich viele dieser „Neins". Die Einsicht des Kindes benötigt diese sichere Bindung zur
Bezugsperson. Dabei gibt es feste Grenzen, wie
eben beschrieben, und solche, die sich mit dem Alter
des Kindes verändern oder wegfallen. Zum Beispiel
verändert sich die Uhrzeit des Ins-Bett-Gehens, der
zeitliche Rahmen des Fernsehens oder der Umfang
der Zeit am Computer und der zeitliche Rahmen für
Verabredungen. Grenzen geben dem Kind und uns
Halt und Struktur in dieser Zeit der Informationsflut
und Entscheidungsmöglichkeiten.

So werden die Bezugspersonen für das Kind verlässlich und es kann emotionale Nähe entstehen. Dies
ist für den Bindungsaufbau und die Bindungsentwicklung entscheidend. Ein sicheres Bindungsmuster kann nur entstehen, wenn das Kind merkt, „ich
werde beschützt", „ich bin meinen Eltern wichtig",
„meine Eltern sorgen sich um mich", „ich kann mich
auf meine Eltern verlassen" und „sie trauen mir etwas
zu". Kinder werden die gesetzten Grenzen nur dann
respektieren können, wenn sie eine stabile Bindung
zur Bezugsperson erleben und sich geborgen fühlen.

Ein wesentlicher Aspekt ist zudem die Achtung der
Grenzen unserer Kinder. Das bedeutet ganz konkret
zum Beispiel anzuklopfen, wenn Eltern das Zimmer

des Kindes, auch das Badezimmer, betreten. Wenn ein Mädchen oder Junge mit neun Jahren erlaubt hat, dass die Eltern das Bad betreten, wenn sie/er badet, ist dies keine ständige Erlaubnis, sondern möglicherweise tagesabhängig. Vielleicht möchte das 10-jährige Mädchen oder der 12-jährige Junge das nächste Mal lieber die Tür abschließen, nicht gestört werden und sich geschützt fühlen. Respektieren Sie diese Grenzen Ihrer Kinder. Vermeiden Sie Erniedrigungen, Kränkungen, Entwertungen und Ironie im Umgang mit ihnen.

Rituale leben

Mit Ritualen sind verbindliche Wiederholungen für das Kind gemeint. Zum Beispiel die Gute-Nacht-Geschichte am Abend – vom Papa vorgelesen oder das Einschlafen mit einem bestimmten Kuscheltier oder Kissen im Bett. Dass es am Geburtstag immer einen ganz bestimmten Kuchen gibt, eine Kerze und Geschenke. Das gemeinsame Essen oder das besondere Frühstück an jedem Sonntag, das Weck- oder Gute-Nacht-Ritual, das besondere Essen zu jedem Weihnachtsfest. Schauen Sie, welche Rituale für Ihre Familie geeignet sind! Um von einem Ritual sprechen zu können, ist immer eine Wiederholung notwendig. Rituale ermöglichen durch ihre verlässlichen Wiederholungen einen vertrauten, sicheren und stressfreieren Alltag.

Um von einem Ritual zu sprechen, sind verbindliche Wiederholungen notwendig.

Bezugspersonen als Vorbild

„Das Gehirn besitzt sogenannte Spiegelneuronen… Mithilfe dieser Spiegelneuronen werden bei einem anderen Menschen wahrgenommene Signale so abgespeichert, dass sie nacherlebt und reproduziert werden können. So versucht der Säugling, die wahrgenommenen mütterlichen Signale durch Imitation zurückzuspielen." Stauss S. 47

Die Bezugsperson kann durch die eigenen Spiegelneuronen ebenfalls Signale reproduzieren und das Kind in seiner Situation nachempfinden und dadurch feinfühlig reagieren. Im Umgang mit unserem Kind sind wir als Eltern sehr auf unsere Fähigkeit der Spiegelneuronen angewiesen. Empathisches Verhalten, also einfühlsames Handeln, und die Funktion der Spiegelneuronen sind dabei eng miteinander verknüpft.

Das bekannteste Spiegelneuronen-Ereignis ist für viele Erwachsene das Lächeln des Babys. Sie lachen das Baby an und dieses beantwortet Ihr Lächeln seinerseits mit einem Lächeln. Ein anderes Beispiel ist die Zunge herauszustrecken, was vom Baby in aller Regel imitiert wird. Dies lässt sich endlos fortsetzen, unsere Spiegelneuronen sind immer aktiv. Deshalb nehmen auch Freunde oder Familienmitglieder ähnliche Verhaltensweisen an.

Das Baby, Kleinkind, Kind, Schulkind und die Jugendlichen haben alle eins gemeinsam: Sie benötigen positive Vorbilder. Sie schauen sich ca. 80% ihres Verhaltens ab. Bedenken Sie deshalb: Wie wollen wir einem Kind beibringen, sich an Regeln zu halten, wenn wir selbst in der Ortschaft ständig zu schnell fahren? Beispiele hierfür gibt es genug. Unser Vorbildverhalten als Bezugsperson, als Mutter, Vater, Erzieher oder Lehrerin ist für Kinder viel eindrucksvoller als unsere sprachliche Botschaft!

Dennoch können Worte das Verhalten des Kindes beeinflussen. Negative Sätze können sich im Körper verankern und so unser Leben lang unser Tun, unser Selbstwertgefühl oder was wir über uns selbst denken beeinflussen.

Wenn wir zum Kind sagen, dass es andere Kinder nicht schlagen darf, aber selbst dem Kind einen Klaps auf den Po geben (Ist nicht erlaubt und kann zur An-

Kinder gucken sich fast alles bei ihren Eltern ab. Daher sind Erwachsene große Vorbilder.

zeige gebracht werden!), wird das Kind das gezeigte und beobachtete Verhalten verinnerlichen und nicht das ausgesprochene Verbot. Wenn wir als Erwachsene den Kindern keinen respektvollen Umgang miteinander zeigen, werden unsere Kinder diesen auch nicht verinnerlichen (Gleiches gilt übrigens auch für Vorbilder im Fernsehen!).

Sie werden das gezeigte Verhalten, z. B. negative Ausdrucksweisen, Beschimpfungen und Abwertungen, in sich aufnehmen. Dieses bestimmt dann den Umgang mit den Eltern, der Familie und den Freunden. Die Sprache wird überwiegend durch das Vorbildverhalten erworben, der Erwachsene steht also Modell.

Im sprachlichen Bereich als Eltern Vorbild zu sein, ist das Eine, unmissverständlich ist jedoch auch der non-verbale Bereich: Die Kinder sehen und erfahren bei ihren Eltern, wie Beziehungen zu anderen Personen gelebt werden. Kinder gucken sich fast alles bei ihren Eltern ab!

„Ich wollte bei meinen Kindern vieles besser machen als meine Eltern bei mir. Der wichtigste Punkt war, ihnen nicht nur zu sagen, dass ich sie lieb habe, sondern es sie auch spüren zu lassen. Meine Mutter sagte es zu mir immer so, wie man zu einem Fremden „Guten Tag" sagt. Gerne auch mal ein „Du weißt doch, dass ich dich lieb habe", aber genau das wusste ich nicht. Sie nahm mich nie in den Arm, und ich hatte das Gefühl, dass sie mich immer nur dann bemerkte und ansah, wenn sie sich über mich ärgerte."

Rita K. aus Hamburg

Selbständigkeit und eigene Erfahrungen

Der Entwicklungspsychologe Gordon Neufeld beschreibt, dass viele Kinder heute nicht mehr in der Lage sind, aus ihren Fehlern zu lernen oder widersprüchliche Gedanken oder Gefühle zu verarbeiten.

Viele Erwachsene nehmen Kindern diese altersangemessenen Erfahrungen ab, um sie vor negativen Gefühlen zu schützen. Dabei können nur erlebte Erfahrungen vom Kind verinnerlicht und im Gehirn abgespeichert werden! Kinder vor schlimmen Ereignissen zu schützen ist ebenfalls Aufgabe der Eltern – ihnen dabei aber auch genügend Freiraum zu eigenen altersangemessener Erlebnissen zu ermöglichen ist nur mit der Feinfühligkeit und dem Bauchgefühl der Eltern zu leisten.

Begleiten Sie Ihr Kind mit liebevollem Blickkontakt, wenn es z. B. beginnt alleine zu essen. So verstärken Sie das Interesse des Kindes, etwas alleine auszuprobieren. Der Tisch wird hinterher beschmiert sein! Ihr Kind hat dennoch entscheidende Erfahrungen im Gehirn abgespeichert. Papa und Mama trauen mir etwas zu, ich darf Fehler machen und weiter probieren. Ich darf eigenständig werden. Ihr Kind wird Spaß dabei erleben, wie es durch Versuch und Irrtum immer eigenständiger das Essen alleine zu sich nehmen kann. Auch diese Erfahrungen sind Bausteine zur Bindungsförderung und zu einer angemessenen kindlichen Entwicklung.

Unterschiedlichkeit der Kinder

Eltern dürfen Vertrauen in ihre Intuition entwickeln, dann begleiten sie Kinder optimal auf dem Weg zum Erwachsenwerden. Was für das eine Kind und dessen Familie gut ist, ist für das andere Kind und dessen Familie nicht unbedingt angemessen. Alle Eltern sind verschieden, so wie auch alle Kinder sehr

Nur erlebte Erfahrungen können vom Kind verinnerlicht und im Gehirn abgespeichert werden.

„Die Feinfühligkeit der Eltern wirkt sich neben den Temperamentseigenschaften des Kindes auf die Bindungsqualität aus..."
Fabienne Becker-Stoll

unterschiedlich sind.

Das eine Kind mag viele Termine und das Treffen mit immer anderen Kindern und Gruppen, vielleicht mag es auch die Regelmäßigkeit und das fördernde Angebot. Ein anderes Kind ist damit überfordert, da es viel Zeit für sich braucht, sich gerne mit anderen Kindern einzeln zum Spielen trifft und freudvoll in der körperlichen Bewegung ist. Alles ist gut, solang es der Persönlichkeit des Kindes entspricht. Sobald die Eltern das Kind von Termin zu Termin bringen, weil sie Angst haben, dass ihr Kind ansonsten zu wenig gefördert wird, „verbauen" sie sich und ihrem Kind Spaß und ein positives Spiel- oder Lerngefühl und dieses kann viel eher negative Auswirkungen haben.

Ihr Kind kann sich ohne ständige Förderung in Gruppen sehr gut entwickeln und eine angemessene Bildungschance erhalten. Wie beschrieben ist die Voraussetzung für eine angemessene Lernbereitschaft eine tragende Bindung zum Kind. Dies geschieht nicht durch viele Termine, sondern durch Bauchgefühl, Zu- und Hinwendung zum Kind. So erlebt Ihr Kind Geborgenheit und Zutrauen.

Je älter die Kinder werden, umso größere Aufgaben wollen sie bekommen, um daran wachsen zu können. Akzeptieren Sie Ihr Kind so, wie es ist: Das eine Kind ist sehr lebendig und aktiv, ein anderes ganz still und eher ein Sammler und Beobachter. Gestehen Sie Ihrem Kind oder Jugendlichen sein eigenes Temperament und damit seine eigene Persönlichkeit zu!

Kinder benötigen altersangemessenen Freiraum für ihre ganz eigenen Erfahrungen.

Zusammenfassend

Die beschriebenen Bausteine der Bindungsentwicklung, wie das Schreien, das Lächeln, das Krabbeln zur Bezugsperson und das Festklammern, sind nach Bowlby genetisch vorgeprägt und finden sich bei allen Menschen. Hier geht es um feinfühlige Interaktionen.

Jedes Kind hat sein ganz eigenes Temperament und den Wunsch, dass dieses anerkannt wird.

Wie diese Bausteine sich entwickeln und sich auf unser Bindungsmuster auswirken, ist je nach Erfahrung des Kindes mit der Bezugsperson unterschiedlich. Prägend ist, wie auf das Kind in diesen und anderen Situationen eingegangen, wie reagiert und agiert wird. Schwerpunkte sind hier Blickkontakt, körperliche Nähe und Interesse am Kind und seinen Bedürfnissen. Durch den einfühlsamen Kontakt zum Kind entwickelt die Bezugsperson entscheidend das Gehirn des Kindes mit.

Ein Baby kann nicht verwöhnt werden und Sie können Ihr Baby auch nicht mit zu viel Zuwendung verziehen! Leider müssen sich Eltern immer wieder die Vorurteile des frühen Verhätschelns anhören. Im schlimmsten Fall wird einem Baby die böswillige Absicht unterstellt, die Eltern mit seinem Geschrei kontrollieren zu wollen. Dabei kann ein Kind erst ab dem neunten Monat lernen ganz kurze Zeit abzuwarten.

Nehmen Sie sich Zeit für Ihr Kind und den damit verbundenen Bindungsaufbau sowie dem Geben von Geborgenheit. Sie werden Verbundenheit erleben und Ihr Kind mehr in seiner Entwicklung begleiten dürfen, als es zu erziehen. Ihre Zeit, Mühe und elterliche Liebe, Ihre Feinfühligkeit und Herzenswärme wird Ihr Kind nachhaltig stärken.

Bindungserfahrungen der Bezugspersonen

Nach der Geburt des eigenen Kindes werden oftmals die Gefühle aus der eigenen Kindheit bei Mutter wie Vater lebendig. Alle Menschen sind geprägt von den Erlebnissen und Ereignissen der eigenen Kindheit. Oft merken wir als Eltern gar nicht, dass es die eigenen alten Gefühle von Traurigkeit, Angst, Verzweiflung oder Freude sind, sondern meinen, es sind die Gefühle unserer Kinder. Nicht selten schwächen uns diese Erfahrungen. Wir werden hilflos und handlungsunfähig unserem Kind gegenüber. Meist vermittelt uns das Umfeld noch, dass unsere natürliche, intuitive Kompetenz nicht ausreichend oder falsch wäre. Zusammen mit den eigenen Erfahrungen aus unserer Kindheit kommt es dann zu inneren Blockaden.

Oftmals ist es hilfreich den Mut zu haben, das Gespräch mit dem Partner, mit Freunden, Beratungsstellen oder Therapeuten zu suchen. Wir dürfen uns als Eltern stärken lassen, um unserem Kind gegenüber emotional offen sein zu können. Das ist Stärke!

Wenn Eltern ihre eigene Bindungsgeschichte und ihre unerfüllten Sehnsüchte kennen und erkennen, wie diese das Erziehungsverhalten gegenüber ihren eigenen Kindern prägen, können sie damit verhindern, dass leidvolle Bindungserfahrungen über Generationen weitergegeben werden. Vgl. Bowlby

Positive sichere Bindungserfahrungen der Mutter und des Vaters haben natürlich großen Einfluss auf den anvertrauten Säugling. Die sicheren und verlässlichen Bindungserfahrungen beeinflussen ganz positiv den Umgang mit dem Baby. Meist fällt es dann viel leichter, sich selbst im Umgang mit dem Kind zu vertrauen, und das Einschwingen auf unser Baby geschieht ohne Kraftanstrengung. Wir können uns durch die erlebten verlässlichen und sicheren Bindungserfahrungen mit unseren Eltern oder Bezugspersonen auf unsere Intuition verlassen. Eine sichere Bindung kann von Generation zu Generation weitergegeben werden und bietet ein starkes Vertrauen in das Leben und die eigenen Möglichkeiten. Das Gefühl von Geborgenheit wird erlebt.

Aus der eigenen Unsicherheit heraus entsteht das Gefühl von Überforderung.

Bindungsmuster

Im Folgenden sehen Sie unterschiedliche Schaubilder von Bindungsmustern. In der Praxis mischen sich diese und sind in der ursprünglichen Form selten zu beobachten. Die Schaubilder sind Anhaltspunkte und können uns evtl. motivieren, Hilfe anzunehmen oder eigenständig etwas zum Positiven zu verändern. Nutzen Sie gerne die Informationen der erstellten Schaubilder, um Ihrem Kind frühzeitig ein weitestgehend sicheres Bindungsmuster und damit Geborgenheit zu ermöglichen.

Der Begriff Bindungsmuster steht an dieser Stelle für Bindungsverhalten, Bindungstypen oder Bindungsformen. Bowlby beschreibt unterschiedliche Bindungstypen aufgrund seiner Forschungsergebnisse. Er klassifizierte vier Bindungstypen, die sichere, die unsicher-vermeidende, die unsicher–ambivalente und die unsicher-desorganisierte Bindung. Vgl. Bowlby S.101 Da wir als Menschen alle ganz eigene Persönlichkeiten und Temperamente haben, ist das Bindungsverhalten oder Bindungsmuster sehr vielfältig. In welchem Kontext wir leben, ob es viele positive oder negative Erlebnisse außerhalb der Interaktion in der Familie gab oder unter welchen beruflichen Anforderungen wir stehen, hat Auswirkungen, da es immer auch um erlebte Anspannung und Entspannung geht.

Sichere Bindung

Die sichere Bindung zum Kind ist ein großer Schatz, da es das Familienleben vereinfacht und es möglich werden lässt, ein Kind in der Entwicklung zu begleiten. Eltern und Kinder sind miteinander entspannter und spüren das gegenseitige Vertrauen. In Konflikt-, Trennungs- oder Belastungssituationen gibt es zwar die unterschiedlichsten Gefühle und es wird manchmal gestritten, jedoch das positive Grundvertrauen zueinander bleibt bestehen. In der sicheren Bindung können Eltern den Kindern zugestehen, die Welt oder das Umfeld zu erkunden, und die Kinder haben die Sicherheit, dieses zu nutzen. Bei kleinen Kindern ist dieses möglich, wenn die Bezugsperson in der Nähe ist. Die Kinder zeigen ein aktives Erkundungsverhalten und haben Interesse am Ausprobieren. Wenn Kinder mit sicherer Bindung durch die Trennung zur Mutter/zum Vater in Aufregung geraten und weinen, so werden sie doch durch das Grundvertrauen in die Lage versetzt, sich von der Mutter/dem Vater trösten zu lassen, und können so angemessen beruhigt werden. Das bestehende Vertrauen trägt die schmerzlichen Gefühle, welche sich im Kontakt mit der Bezugsperson verändern lassen.

Abb. 1
Sichere Bindung

Anzeichen einer zurzeit sicheren Bindung beim Kind:

Bitte das Alter der Kinder berücksichtigen.

- Das Kind hat Freude und Interesse am Experimentieren
- Das Kind zeigt Interesse an seinem Umfeld und der Welt
- Das Kind fühlt sich willkommen
- Das Kind lässt sich trösten und die Bezugsperson kann die Gefühle des Kindes verändern
- Das Kind kann unterschiedliche Gefühle zeigen
- Das Kind kann alters- und entwicklungsangemessen eigenes Verhalten reflektieren
- Das Kind hat ein positives Selbstbild
- Das Kind ist in der Lage, Freundschaften aufzubauen und eine Zeit zu halten
- Das Kind zeigt Einfühlungsvermögen
- Das Kind spielt entwicklungs-und altersangemessen
- Das Kind kann Blickkontakt aufnehmen und halten
- Das Kind lacht, hat Spaß und lebt seine Freude
- Das Kind wirkt entspannt
- Das Kind zeigt eine Lernbereitschaft aus sich heraus, die Lernbereiche sind je nach Neigung verschieden
- Das Kind hört altersangemessen auf seine Eltern

Anzeichen einer sicheren Bindung der Eltern zum Kind:

- Sie haben Ihr eigenes Bauchgefühl, Ihre Intuition
- Sie sind bereit, Ihren Säugling prompt zu versorgen
- Sie spüren die unterschiedlichsten Gefühle zum Kind
- Sie können sich und Ihrem Kind vertrauen
- Sie erleben Selbstbewusstsein
- Sie erleben neben Anspannung auch häufig Entspannung
- Sie geben Ihrem Kind Orientierung und Verlässlichkeit
- Sie haben verlässliche Kontakte, Freunde, Partner
- Sie können Überforderung spüren und haben Veränderungsideen/Bewältigungsstrategien
- Sie erkennen die Bedürfnisse Ihres Kindes und können diese wahrnehmen und darauf angemessen reagieren
- Sie respektieren die Eltern-Kind-Grenze

Gundula Göbel | Schrei nach Geborgenheit

Unsichere Bindung

Zu wenig Liebe, Anerkennung, Geborgenheit, Freiraum oder zu wenig Kind-sein-Dürfen führen bei Kindern und Jugendlichen zu körperlichem Schmerz. Wenn Kinder sich oft ausgeschlossen und nicht verbunden mit den Eltern oder anderen Kindern in Kindergarten, Schule oder in ihrer Freizeit fühlen, empfinden sie ihre inneren Schmerzen genauso schlimm wie körperlichen Schmerz. Unsicher-vermeidend gebundene Kinder haben meist abgespeichert, dass sie ihre Bedürfnisse nach Schutz besser nicht zeigen, da sie oftmals Zurückweisungen sowie Unzuverlässigkeit von Bezugspersonen erfahren haben. Unsicher-ambivalent gebundene Kinder zeigen ihren Kummer in Bindungssituationen ganz intensiv, da sie verunsichert über die Verfügbarkeit der Bezugsperson sind. Die unsicher-ambivalente Bindung beinhaltet häufig die Furcht vor der Bezugsperson. Die Kinder reagieren mit Erstarren, immer gleichen Bewegungsabläufen oder zeigen starkes Konfliktverhalten. Die verunsicherte Bindung an die Bezugspersonen oder das fehlende Gefühl von Verbundenheit mit daraus resultierender körperlicher wie gefühlsmäßiger Schwächung des Körpers hat zur Folge, dass inzwischen ein hoher Prozentsatz von Schülern Medikamente einnimmt. Zu der unsicheren Bindung kommt häufig noch erheblicher Leistungsdruck. Die Zahl der stationären oder mehrfach stationären Behandlungen in der Kinder- und Jugend-Psychiatrie steigt stetig. Die Kinder sollen dort außerhalb der Familie eine angemessene „Behandlung" bekommen – ein Paradoxon sondergleichen, denn die Symptome der meisten Kinder und Jugendlichen sind nichts anderes als ein Hilferuf nach Geborgenheit, elterlicher Liebe, Anerkennung, Freiheit sich entwickeln zu dürfen und Verbundenheit. Also nach Verlässlichkeit! Kinder oder Jugendliche mit einem unsicher-vermeidenden

Kinder können nur begrenzt Enttäuschungen aushalten.

Die Sehnsucht
nach sicherer
Bindung kann durch
Aggressionen,
Unruhe oder Traurig-
keit Ausdruck finden.

Bindungsmuster benötigen dringend beständige Erwachsene oder auf der anderen Seite eine Loslösung aus einer zu engen, evtl. symbiotischen Eltern-Kind-Bindung. Diese symbiotische Bindung entsteht aus Angst um das Kind oder aus der eigenen unsicher erlebten Bindung heraus. Die Symbiose wird vom Erwachsenen zur Eigenstabilisierung genutzt. Dem Kind oder Jugendlichen wird alles an Liebe gegeben bis hin zur emotionalen Grenzüberschreitung. Die Rolle des Partnerersatzes wird dem Kind meist unbewusst zugeteilt.

Die stationäre Behandlung ermöglicht Erfahrungen in den Entwicklungsbereichen Struktur, Freiraum, Regeln, Abgrenzung und Eigenverantwortung. Dieses ist eine Möglichkeit zur Gesundung, damit Kinder und Jugendliche sich neu orientieren können, und findet in der Psychiatrie ausreichend Beachtung. Dennoch sind alle Bezugspersonen gefragt, den Kindern und Jugendlichen emotionale Freiheit, Geborgenheit und Sicherheit zu geben. Die Gesellschaft muss hierzu Eltern stärker unterstützen, um eine kinderorientierte emotionale Versorgung zu realisieren. Die große Anzahl der Psychiatrieplätze ist ein Hinweis auf unsere emotionale Hilflosigkeit. Unsere starke Verunsicherung und Überforderung in den Familien sowie in der Gesellschaft und die emotionale Vernachlässigung oder die Überbehütung unserer Kinder hat ihren Preis. Das alles geschieht, obwohl wir Kindern alles ermöglichen wollen und viele Familien beschützt aufwachsen.

Geld verbessert die Beziehung und das Bindungsmuster zum Kind nicht. Mit wenig Geld kann eine liebevolle, emotionale Beziehung aufgebaut werden und auch mit viel Geld kann ein Kind emotional verhungern oder gefühlsmäßig überfrachtet werden. Viele Eltern benötigen dringend Hilfe und anerkennende Unterstützung, um ihre Kinder angemessen emotional versorgen und nachversorgen zu können. Denn fast alle Eltern wollen für ihr Kind nur das Beste.

Die Auswirkungen der Verunsicherung im Bindungsverhalten bei vielen Kindern, Jugendlichen und Erwachsenen werden sich in der Leistungsfähigkeit dieser Generation bemerkbar machen – mit großer Bedeutung für uns alle. Wenn nicht bald ein Umdenken geschieht, ist dies eine risikoreiche Erfahrung für Deutschland: Uns werden verlässliche Arbeitskräfte fehlen, Menschen mit emotionaler Intelligenz und Menschen, welche genug innere Stabilität für die anstehenden Aufgaben der Arbeitswelt, in der Familie und in der Partnerschaft haben. Es werden uns einfach gesunde und glückliche Menschen fehlen.

Frühe emotionale Verunsicherung und spätere starke schulische Anforderungen, welche dann auf dem instabilen Gefühlsboden zu einer psychischen Störung werden, führen zu Erziehungsproblemen und zeigen sich in Verhaltensauffälligkeiten, Depressionen, vermeintlichem ADHS, psychosomatischen Symptomen, Lernblockaden oder Schulverweigerung.

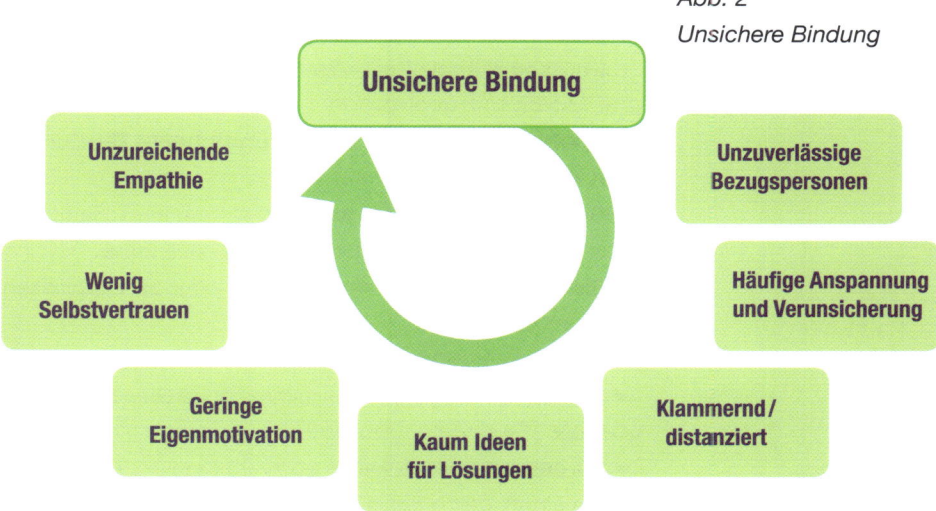

Abb. 2
Unsichere Bindung

Alle Eltern wollen nur das Beste für ihr Kind, aber die beruflichen Anforderungen, die innere Anspannung und der Freizeitstress gekoppelt mit dem eigenen unsicheren Bindungsmuster verhindern dies häufig.

Anzeichen des Kindes für eine zurzeit verunsicherte Bindung:

Wenn die Grundbedürfnisse von Kindern verletzt werden, kommt es zu Symptomen und Hilferufen des Körpers.

- Das Kind hört nicht mehr auf seine Eltern
- Das Kind hält sich oftmals nicht an Grenzen
- Das Kind wirkt orientierungslos
- Das Kind ist oft traurig und in sich zurück gezogen
- Das Kind verabredet sich kaum noch, obwohl es alleine unzufrieden ist
- Das Kind zeigt viele nicht altersangemessene Ängste
- Das Kind reagiert mit psychosomatischen Beschwerden, z. B. ständigen Kopf- oder Bauchschmerzen
- Das Kind wirkt unruhig, unkonzentriert oder unzufrieden
- Das Kind wirkt aggressiv und ist gewaltbereit
- Das Kind vermeidet Blickkontakt
- Das Kind zeigt Fütter- und Ernährungsstörungen
- Das Kind ist ein Schreibaby
- Das Kind hat erhebliche Schlafprobleme
- Das Kind ist ein extrem ruhiger Säugling (Rückzug), zeigt wenig emotionale Reaktionen

Anzeichen für eine zurzeit verunsicherte Bindung zum Kind:

- Sie sind ständig in körperlicher Alarmbereitschaft, sind z. B. schreckhaft, ängstlich oder unkonzentriert
- Sie können Ihre Gefühle zum Kind oder zu Ereignissen kaum noch spüren
- Sie leiden unter psychosomatischen Beschwerden
- Sie haben wenig Vertrauen in Ihre Fähigkeiten als Mutter/ Vater
- Sie haben kaum Vertrauen zu Ihrem Kind
- Sie empfinden oftmals Schuldgefühle

Gundula Göbel | Schrei nach Geborgenheit

- Sie vermeiden Kontakt, gehen eher auf Rückzug
- Sie erleben Gefühle von Ohnmacht und Einsamkeit

Diese genannten Anzeichen können auch nur zeitweilig auftreten, mögliche organische Ursachen gehören selbstverständlich vorher medizinisch abgeklärt. Sicherlich haben viele Symptome auch mehrere Ursachen.

Nehmen Sie sich das Recht auf Zeit für das Kostbarste auf der Welt – für Ihr Kind.

Unsicher-ambivalente Bindung

Nachfolgend beschreibe ich Mischformen von Bindungsverhalten, welche ich oftmals in meiner Praxis beobachten kann. Ein übersteigertes oftmals auch ambivalentes Bindungsverhalten der Eltern zum Kind bedeutet, dem Kind kaum Freiraum zu geben, fast alles kontrollieren zu wollen und nach Meinung der Eltern für das Kind sinnvoll zu entscheiden. Meist geschieht dies aus einer großen Angst um das Kind heraus und häufig stehen dahinter eigene schlimme bis traumatische Erfahrungen der Eltern. Manchmal sind es auch die eigenen unsicheren Bindungserfahrungen, welche es den Eltern kaum ermöglichen, dem eigenen Kind Raum für Eigenständigkeit zu geben.

Ein übersteigertes Bindungsverhalten führt häufig dazu, dass Kinder sehr stark an den Eltern klammern, sich nur direkt in ihrer Nähe entspannen können und sich nur dort beruhigt fühlen. Aus Schuldgefühlen heraus, als Eltern zu wenig Zeit zu haben, wird versucht, jeden materiellen Wunsch des Kindes zu erfüllen. Leider führt dies nicht zu verlässlicher Bindung. Auch wenn wir nur aus sogenannter Liebe oder Angst heraus unsere Kinder in ihrer Entwicklungs- und Experimentierfreude einschränken sowie in dem Kontakt zu gleichaltrigen Kindern, erleben sie auf diese Weise eine innere Verunsicherung im Bindungsverhalten mit starken Auswirkungen. „Denn es gibt zurzeit keine wichtigere Einflussgröße auf die Entstehung seelischer Gesundheit oder Krankheit als sicheres oder unsicheres Bindungsverhalten." Stauss S. 23

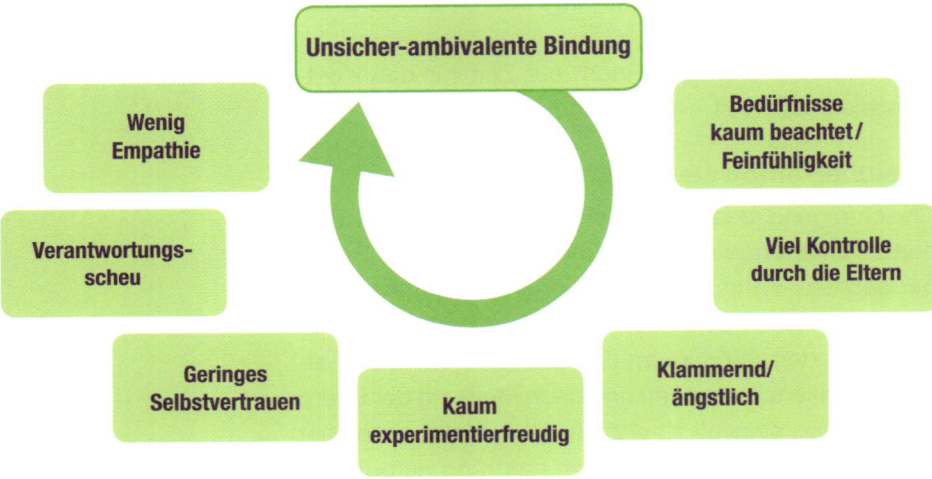

Abb. 3
Unsicher-ambivalente
Bindung

Manche Eltern unterliegen einigen der folgenden Bindungsirrtümern. Meistens geschieht dieses aus dem Gefühl heraus, das Kind nicht überfordern und als Eltern viel bieten zu wollen.

Bindungsirrtümer sind:
- Dem Kind jeden Tag Unternehmungen anzubieten
- Die Zeit des Kindes zu verplanen
- Das Kind zu bespielen und bespaßen
- Dem Kind häufig neues Spielzeug zu kaufen und anzubieten
- Dem Kind alles recht zu machen und ihm Enttäuschungen zu ersparen
- Dem Kind gegenüber überstreng zu sein

Gundula Göbel | Schrei nach Geborgenheit

- Dem Kind keine Anforderungen zuzumuten
- Dem Kind die Rolle des kleinen Erwachsenen oder die Rolle des Partnerersatzes zu geben
- Dem Kind „Erwachsenen-Entscheidungen" zu überlassen
- Dem Kind „zuliebe" sich selbst als Person aufzugeben und nur nach den Bedürfnissen des Kindes zu agieren
- Dem Kind gegenüber alles zu bewerten
- Dem Kind gegenüber mit Ironie, Abwertungen und Kränkungen zu reagieren

Das Kind wird von den Gefühlen des Erwachsenen überflutet und kann diese nicht verarbeiten.

Unsicher-desorientierte Bindung

Ein verstricktes Bindungsverhalten der Bezugsperson ist eine weitere Form und beinhaltet für das Kind, von den Gefühlen des Erwachsenen überflutet zu werden. Das geschieht, wenn die Mutter oder der Vater von den eigenen Kindheitserfahrungen und den Gefühlen aus der eigenen Kindheit überschwemmt wird. Meist steht heute noch der Wunsch im Mittelpunkt, von den eigenen Eltern Anerkennung zu bekommen.

Das Kind wird benutzt, um die nicht erfüllten Sehnsüchte nach Nähe zu stillen. Viele Kinder haben aufgrund eines verstrickten Bindungsmusters wenig Vertrauen in sich selbst oder in andere Erwachsene. Das Urvertrauen ist verunsichert, da die Gefühle und Erfahrungen des Erwachsenen auf das Kind übertragen werden. Beim verstrickten Bindungsverhalten gibt es für das Kind oft Doppelbotschaften, z. B. Gehe zur Schule, aber lasse mich nicht allein. Das geschieht bei Eltern nicht aus Böswilligkeit, sondern aus eigenen starken Bedürfnissen nach Anerkennung, Geborgenheit und Liebe. Für das Kind ist es jedoch eine enorme psychische Belastung. Einige Eltern nehmen ihre Kinder als Partnerersatz, um sich nicht allein zu fühlen oder um Verantwortung unbewusst abgeben zu können. Kinder werden damit emotional missbraucht, da sie schon sehr früh als kleine Erwachsene behandelt und verantwortlich gemacht werden. Die Bedürfnisse des Kindseins werden beschnitten. Vieles von dem Beschriebenen betrifft das unsicher-ambivalente Bindungsmuster. Wenn jedoch schlimme Erfahrungen von Gewalt, Grenzüberschreitung also Traumatisierungen das Leben der Bezugsperson geprägt haben, resultiert daraus nicht nur die verstrickte Bindung, sondern es kann bis hin zum unsicher-desorientierten Bindungsmuster führen.

Erwachsene haben die Verantwortung, Kinder zu schützen und angemessen emotional zu versorgen. Bitte holen Sie sich im Interesse Ihrer Kinder therapeutische Hilfe, um diese Aufgabe zu erfüllen, wenn Sie selbst eine überwiegend verlässliche Bindung zurzeit nicht eingehen oder vermitteln können. Wir können jederzeit an unserem Bindungsmuster im Interesse der Kinder etwas verändern.

Abb. 4
Desorganisierte Bindung

Zusammenfassend: Sichere Bindung

Um zum sicheren Bindungsverhalten zurück zu kommen, ist nun im Folgenden unter elterliche Fürsorge beschrieben, welche Bereiche diese sichere Bindung unterstützen.

Elterliche Fürsorge beinhaltet:

Elterliche Fürsorge	→	Bindung
Autonomie-Förderung	→	Autonomie
Struktur-Unterstützung	→	Kompetenz

Vgl. Fabienne Becker-Stoll

Diese Aufstellung verdeutlicht, dass elterliche Fürsorge zur Bindung zwischen Bezugsperson und Baby führt. Eine Autonomie-Förderung, also eine Förderung der Selbständigkeit, verschafft dem Kind Eigenständigkeit und damit viele Entwicklungsschritte und ganz eigene Erfahrungen. Die Struktur-Unterstützung (Grenzen, Rituale, Orientierung, Gefühle), die das Kind von den Eltern erhält, führt zu Kompetenz. Im Einzelnen ist dies unter Bausteine der Bindungsentwicklung beschrieben.

Das Kind benötigt eine angemessene Entwicklung in allen drei Bereichen, um sich wohlzufühlen und dadurch ein positives Selbstwertgefühl zu erlangen. Daraus entwickelt sich das Gefühl von Geborgenheit, und die Lernbereitschaft des Kindes entfaltet sich. Wenn das Kind durch einfühlsames und grenzachtendes Handeln der Bezugsperson eine sichere Bindung entwickelt hat, wird es später Beziehungen halten und gestalten können! Das Bindungsmuster eines Menschen ist entscheidend in der Schule, am Arbeitsplatz, in der Freizeit (Vereine), in der Partnerschaft, als Eltern und zum Erhalt der körperlichen und seelischen Gesundheit.

Sichere Bindung ist:

- Dem Kind aktiv zuzuhören, ohne gleich zu bewerten
- Das Kind mit seinen Gefühlen und Bedürfnissen ernst zu nehmen
- Die Grenzen des Kindes zu achten und eindeutige, altersentsprechende Grenzen zu setzen
- Dem Kind eigene, der Entwicklung angemessene Erfahrungen zu ermöglichen
- Das Kind vor Gefahren, Grenzverletzungen und Gewalt zu schützen
- Dem Kind mit Feinfühligkeit zu begegnen und auf die Signale des Kindes angemessen zu reagieren
- Dem Kind Blickkontakt und Interesse zu schenken
- Dem Kind Sicherheit und Vertrauen zu schenken
- Dem Kind Freiraum für eigene Erfahrungen zu geben
- Dem Kind Trost und Verlässlichkeit zu ermöglichen
- Dem Kind regelmäßige und zuverlässige gemeinsame Zeit zu geben
- Dem Kind zu erlauben, selbständig zu werden und doch mit den Eltern verbunden zu bleiben

Vater-Kind-Bindung

Im bisherigen Text wurden die Väter zwar genannt, jedoch ist es mir ein Bedürfnis, einige Anregungen zur Vater-Kind-Beziehung speziell für Väter zu formulieren:
Väter werden ganz dringend von ihren Kindern gebraucht, damit sich eine sichere Bindung zum Vater entfalten kann. Ein entscheidender Schritt ist es dabei, nach der Geburt die emotionale Versorgung des Kindes nicht allein der Mutter zu überlassen.

Viele Väter ziehen sich zurück, weil sie glauben, die Mutter kann besser trösten, mit dem Baby Zwiesprache halten, oder fühlen sich durch die Symbiose zwischen Mutter und Baby zurückgewiesen. Meist aus

Unsicherheit gehen viele Väter auf Abstand, um nicht zu stören. Jedoch ist es ganz wichtig, dass Väter den Mut haben und sich die Zeit nehmen, eine sichere Bindung zu Ihrem Kind aufzubauen. Die positive verlässliche Bindung kommt nicht von alleine, sondern sie benötigt eine ständige Bereitschaft des Erwachsenen, sich um das Baby, später das Kind und dann den Jugendlichen mit Interesse zu kümmern. Ihr Kind wird glücklich sein, wenn Sie Gefühle zulassen oder gemeinsam lachen, toben, Angst aushalten oder Traurigkeit spüren. Ihrem Baby können Sie Geborgenheit geben – Ihre warmen Hände sind für das Baby sicherlich eine wahre Entspannung. Für Babys, Kinder, aber auch Jugendliche ist der Körperkontakt mit dem Vater ganz wichtig. Kuscheln Sie mit Ihrem Baby, nehmen Sie Ihr Kind in den Arm, wenn es mag, und lesen ihm am Abend eine Gute-Nacht-Geschichte vor, sprechen oder singen zusammen. Auch Ihr jugendlicher Sohn oder Ihre jugendliche Tochter braucht zwischendurch Ihre Hand auf der Schulter und besonders Ihre Anerkennung. Als Vater können Sie Ihrem Kind signalisieren „Ich bin für dich da", „Ich kann dich trösten und dir Schutz und Sicherheit bieten".

Auch Väter dürfen Fehler in der Begleitung des Kindes machen. Väter sollten den Mut haben, sich bei ihrem Kind zu entschuldigen – das schwächt die Beziehung nicht, sondern stärkt sie vielmehr und schafft Vertrauen. Ich habe Jugendliche gefragt, wodurch sie ihrer Einschätzung nach eine gute Beziehung zu Ihrem Vater haben. Häufig wurde dabei genannt, dass der Vater sie an ihre Hobbys herangeführt hat, da er ihnen etwas zutraute. Auch Rituale, wie z. B. die Gute-Nacht-Geschichte, regelmäßige gemeinsame sportliche Zeit (Fahrradfahren, schwimmen oder Fußballspielen) und besonders zusammen Spaß haben, wurden aufgezählt. Bedeutend war für die meisten Jugendlichen

> Kinder wünschen sich einen Vater, der sie lobt, ermutigt, in den Arm nimmt, sie beschützt und ihnen etwas zutraut.

ernst genommen zu werden. Einige erzählten, dass sie es besonders schätzen, dass ihr Vater einfach weniger Angst vor Gefahren und Unfällen hat und sie dadurch gute Erlebnisse haben und Eigenständigkeit erleben können.

Ein Vater darf männlich agieren, denn Kinder brauchen keine zweite Mutter, sondern einen Vater und eine Mutter, beide elterlichen Anteile sollten für das Kind verfügbar sein.

Ein Vater darf männlich agieren. Kinder genießen es und es ermöglicht ihnen andere Entwicklungsschritte.

Väter können aktiv das sichere Bindungsmuster ihres Kindes fördern, unterstützen und sichern:

- Wenden Sie sich Ihrem Kind liebevoll zu, in den ersten Monaten können Sie Ihr Kind nicht verziehen oder verwöhnen.
- Babys können Gefühle von Wut, Traurigkeit, Einsamkeit, Sehnsucht oder Angst nicht alleine bewältigen, sondern brauchen dazu ihren Vater/ihre Mutter oder ihre Bezugsperson.
- Beschützen Sie Ihr Kind, geben Sie Trost, indem Sie die Gefühle des Kindes ernst nehmen.
- Sie werden anders mit dem Kind umgehen als Ihre Partnerin. Akzeptieren Sie sich gegenseitig! Jedes Elternteil ist anders, und das ist gut so.
- Aktivieren Sie die Neugier des Kindes auf die Welt – sie ist lebenswichtig.
- Holen Sie sich Energie durch eine Atempause, versuchen Sie zu entspannen und sorgen Sie gut für sich. Danach sind Sie für die Bedürfnisse Ihres Babys wieder offen und können mit Herz und emotionaler Offenheit neu geben.
- Erlauben Sie Ihrem Kind oder Jugendlichen sich auszuweinen. Das Weinen ist Erleichterung. Sie müssen als Vater keine Problemlösung parat haben.
- Erlauben Sie sich mehr Gelassenheit im Umgang mit Ihrem Kind. Das führt zu Entspannung und damit zu Sicherheit in der Beziehung. Eltern müssen nicht perfekt sein. Haben Sie Spaß zusammen.

- Sein Sie der Erwachsene und lassen Ihr Kind „Kind" sein.
- Geben Sie Ihrem Kind die Zeit für eigene Erfahrungen mit Materialien, mit Freunden oder mit sich selbst. Trauen Sie Jugendlichen etwas zu.
- Sie werden als Vater von Ihrem Kind ernst genommen, wenn es eine verlässliche Bindung zu Ihnen hat.

„Immer wenn ich merkte, dass es meinem Kind nicht gut ging, dachte ich, von mir als Vater erwartet jeder eine schnelle Lösung. So wie im Beruf eben! Ich kam unter Druck und wurde oft ärgerlich, wütend und arbeitete einfach länger, um solchen Situationen aus dem Wege zu gehen. Nun weiß ich, dass es reicht, wenn ich zuhöre, da bin, mein Kind in den Arm nehme, tröste oder wir einfach Spaß und Zeit zusammen haben."

Timo K. aus Heide

Vater und Tochter

Väter sind große Vorbilder für Ihre Töchter. Sie sind als Vater die erste männliche Bezugsperson im Leben Ihrer Tochter. Diese Erfahrungen im Bindungsverhalten werden später auf den ersten Freund und Partner übertragen, aber auch auf andere männliche Personen. Durch eine positive Vater-Tochter-Bindung wird Ihre Tochter selbstbewusster werden und sich mehr zutrauen. Nutzen Sie Ihre Chance als Vater, es ist nie zu spät, damit zu beginnen. Machen Sie als Erwachsener den Anfang!

Eine positive Vater-Tochter Beziehung stärkt das Selbstbewusstsein des Mädchens.

Vater und Sohn

Söhne suchen und brauchen ihre Väter als männliches Vorbild. Das Vorbildverhalten des Vaters ist im Erleben des Kindes dabei viel beeindruckender und prägender, als Worte dies je sein können. Gerade Jungen

Väter sind große Vorbilder für ihre Töchter und Söhne.

Jungen benötigen die Anerkennung und das Interesse ihres Vaters.

benötigen viel Anerkennung durch ihren Vater.

Ein Lob vom Vater hat eine deutlich andere Gewichtung als eine positive Verstärkung der Mutter. Entscheidend für eine sichere Vater-Kind-Bindung ist dabei nicht die Anzahl der Stunden, welche Sie mit Ihrem Kind verbringen: Vielmehr ist in begrenzter Zeit – dafür aber regelmäßig – viel an gemeinsamer Bindungserfahrung möglich. Väter können Ihren Söhnen die Welt aus männlicher Sicht erlebbar machen.

Ideen für die gemeinsame Zeit:

- Stehen Sie am Morgen gemeinsam auf und frühstücken Sie mit der ganzen Familie, wann immer dies zeitlich möglich ist.
- Versuchen Sie, mindestens eine Mahlzeit am Tag gemeinsam einzunehmen.
- Suchen Sie nach gemeinsamen Interessen, so dass Sie sich wohlfühlen und gleichzeitig Ihrem Kind nahe sind.
- Beziehen Sie Ihr Kind in Ihre Alltagsaufgaben mit ein.
- Geben Sie viel Anerkennung, Lob und Blickkontakt.
- Achten Sie auf die Grenzen Ihres Kindes und setzen Sie eigene Grenzen.
- Sportliche Aktivitäten und gemeinsame Bewegung.
- Hören Sie gemeinsam Musik.
- Nutzen Sie evtl. gemeinsame Aktivitäten in den Bereichen Kunst und Literatur.
- Erkunden Sie gemeinsam die Natur.
- Nehmen Sie sich Zeit für einen Vater-Kind-Ausflug.
- Erlauben Sie Ihrem Kind eigene altersangemessene Erfahrungen.
- Nutzen Sie Ihre Vorbildfunktion!
- Gönnen Sie sich selbst Auszeiten: Hobbys, Treffen mit Freunden, gemeinsame Zeit mit der Partnerin. Auch das ist Vorbildverhalten für Ihre Kinder – sie sehen, dass die eigenen Eltern Zeit für sich brauchen und Erholungsphasen wichtig sind.

Mit gegenseitiger Unterstützung können Väter wie Mütter entspannter für einen sicheren Bindungsstil bei Ihrem Baby, Kind und Jugendlichen sorgen. Entlastung des Vaters oder der Mutter führt im Familiensystem zur Stärkung und zu sicheren Beziehungen. Dieses ist ebenfalls in Trennungsfamilien möglich.

Damit sich die Bindung zwischen Vater und Kind und Mutter und Kind sicher entwickelt, ist es unerlässlich, dass Eltern als Team agieren.

Bindungsmosaik

Das im Weiteren dargestellte Bindungsmosaik zeigt, durch wie viele verschiedene auch alltägliche Erfahrungen mit unterschiedlichen Menschen ein Kind geprägt wird. All diese positiven und negativen Erfahrungen beeinflussen die Entwicklung des Kindes, das Bild von anderen Menschen und was Kinder über sich selbst denken. Und aus all diesen Erfahrungen resultiert das Bindungsmuster des Kindes. Ganz besonders prägend sind dabei jedoch die ganz frühen Erfahrungen, meist mit den eigenen Eltern. Dies setzt voraus, dass Eltern aufgrund ihrer eigenen Erfahrungen die Möglichkeiten der Bindungsstärkung umsetzen können. Wenn Eltern bestimmte Mosaikteile, also Bindungserfahrungen, nicht ermöglichen können, dies dem Kind stattdessen andere wichtigen Personen geben können, kommt es zu weiteren positiven Bindungserfahrungen und zu einem Gefühl von Geborgenheit. Jedes nette Wort, jeder liebevolle Blick, jede grenzachtende Umarmung, jede Anerkennung, jedes Zutrauen und jede Fürsorge von für uns wichtigen Menschen ist ein Mosaikstein für sichere Bindungserfahrungen. Damit sind auch Großeltern, Nachbarn, Ärzte, Erzieherinnen, Lehrkräfte und Therapeuten in einer großen Verantwortung. Wir alle sind dafür verantwortlich, ob Mosaiksteine mit positiven oder negativen Bindungserfahrungen beim Kind hinzukommen.

„Wie manches, dem wir kaum Beachtung schenken, uns dennoch für ein ganzes Leben prägt, und seinen bunten Stein, als ein Andenken ins Mosaik unserer Seele trägt."
Reinhard Mey

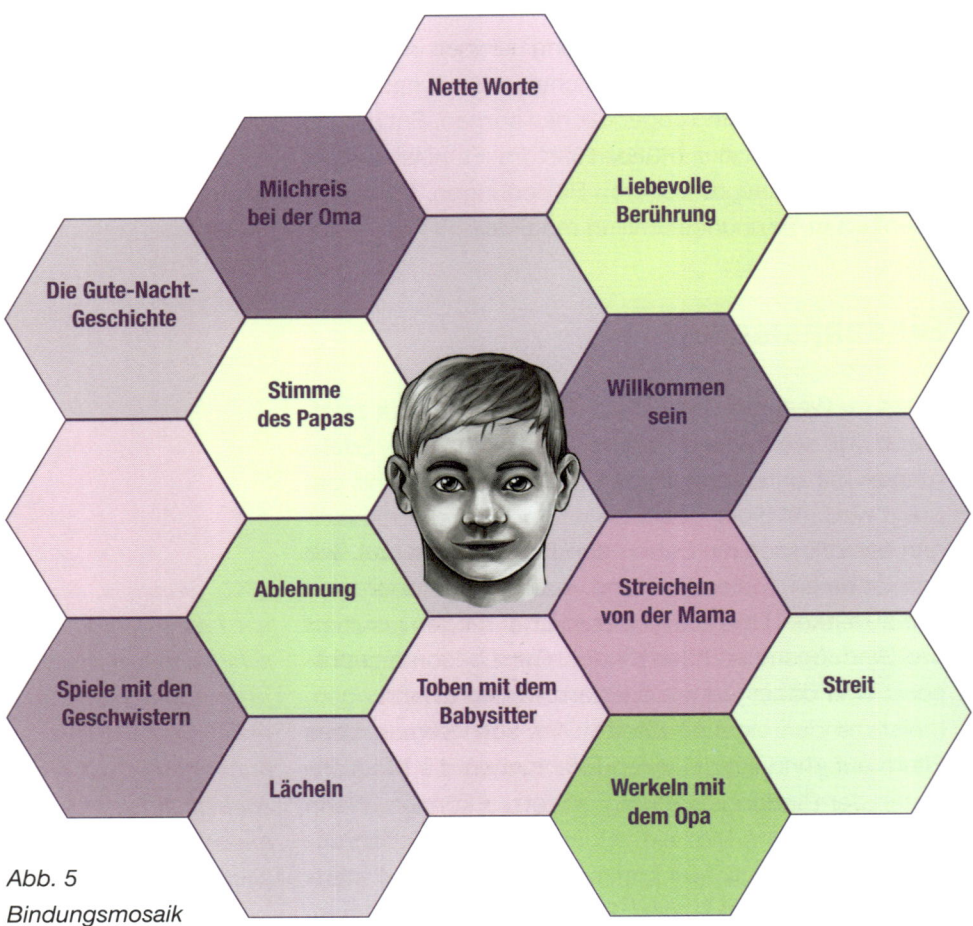

Bindungserfahrungen des Umfeldes

Die Bindungserfahrungen und Erlebnisse der Bezugs- und Kontaktpersonen spielen eine entscheidende Rolle im Aufbau des eigenen Bindungsmusters. Dieses hat Auswirkungen auf das Bindungsverhalten zum Kind und zu anderen Menschen überhaupt.

Mutter und Vater, Lehrer und Erzieherin, Tages- und Pflegeeltern und andere Menschen, denen wir begeg-

nen, haben ihre ganz eigenen Erfahrungen in den Bereichen:

- Lebensgeschichte
- Schwangerschaft und Geburt
- Bindungserfahrungen
- Lebenssituation (emotional wie finanziell)
- Rollen/Übertragungen
- Berufserfahrungen
- Bild von Kindern, Eltern, Umwelt
- Traumatisierungen
- Trauer und Abschied
- Bewältigungsstrategien
- Bindungsmuster der Eltern

Diese Erfahrungen haben somit Einfluss darauf, wie
wir mit Kindern umgehen, ob wir ein positives Bild von
Kindern haben, welcher Bindungstyp wir sind und mit
welchem Grundgefühl wir unser eigenes Leben gestalten. Jeder ist von anderen Ereignissen geprägt.
Nehmen Sie sich etwas Zeit für Ihre ganz eigenen
positiven Bindungserfahrungen. Vielleicht haben Sie
Lust, diese aufzuschreiben!

Fallbeispiel Bindung

Die nun erzählte Geschichte vom kleinen Karl führt
uns zurück zu den Wurzeln der Bindung, dem Bonding,
und damit zu unserem Zartgefühl.

Karl, 4 Jahre alt

*Am 25. Juli wurde Karl geboren. Die Schwanger-
schaft verlief nach Aussagen der Eltern wie im Bilder-
buch. Die Eltern waren voller Freude und ganz reflek-
tiert, wie wichtig die Zeit während und nach der Geburt
ist. Auch die Geburt verlief innerhalb von zwei Stunden*

schmerzhaft, aber schön. In der letzten Phase der Geburt öffnete die Hebamme, wie sich herausstellte aus Zeitgründen, die Fruchtblase, und der kleine Junge kam schnell auf die Welt. Die Eltern waren stolz und überwältigt vom Eindruck der Geburt.

Die Mutter berichtet, wie sie es genoss, ihren Sohn auf der Brust liegen zu haben. Bevor sie jedoch die Situation richtig begreifen konnte, hatte sie schon eine Kanüle im Arm. Zuvor setzten die Ärzte Akupunkturnadeln – alles, damit sich die Nachgeburt löst. Der Blutverlust war stark, weshalb die Mutter alles wie durch eine Wand wahrnahm. Nachdem das Baby eineinhalb Stunden bei der Mutter auf dem Bauch gelegen hatte, musste die Mutter in den Operationssaal. Die Nachgeburt wurde gelöst, alle anderen Bemühungen hatten nicht ausgereicht.

Der kleine Karl wurde von seinem besorgten Vater auf dem Arm gehalten und bekam dort Geborgenheit. Nach zwei Stunden war die Mutter, erschöpft von Narkose und Geburt, zurück im Zimmer. Was dann geschah, war für Mutter und Baby ein neues Kennenlernen. Die Mutter war durch diese kurze, aber immerhin für sie schmerzvolle Trennung emotional verunsichert. Ihr ging es medizinisch gut und dem Kind auch! Für die Gefühle der Mutter gab es dennoch keinen Platz im Krankenhaus.

Eine Woche lang guckte die Mutter ständig auf das Armbändchen mit dem Namen ihres Kindes, obwohl das Kind immer bei ihr im Zimmer blieb. Es hatte sich eine Verunsicherung und Angst eingestellt, ob dies auch wirklich ihr eigenes Kind wäre! Auf rationaler Ebene gab es keinen Grund, daran zu zweifeln, da das Kind nie von Vater oder Mutter getrennt war. Das Baby schrie viel und schlief wenig. Das Vertrauen der Mutter in sich selbst war empfindlich gestört worden.

Karl war inzwischen nur noch auf dem Bauch oder

Arm der Mutter oder des Vaters entspannt und ruhig. Die Krankenschwester kam zwischendurch und wies die Mutter darauf hin, dass sie ihr Kind so nur verwöhnen und sich einen kleinen Tyrannen heranziehen würde.

Die Mutter blieb mit ihren Gefühlen allein. Die Eltern vertrauten ihrem Bauchgefühl und ließen ihr Baby die nächsten Wochen und Monate nicht einfach schreien. Sie trösteten den kleinen Karl und ließen ihn nicht allein. Er schlief ganz viel auf dem Bauch der Mutter und wurde viel getragen. Häufig blieb das Baby auf dem Arm der Eltern und der Einkauf landete stattdessen im Kinderwagen. So konnte das Baby viel Verbundenheit spüren. Und am Abend nahm der Vater das Baby eng an sich, damit die Mutter eine Erholungsphase hatte.

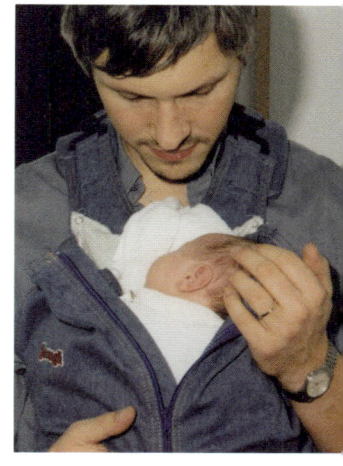

Der kleine Karl erfuhr liebevolle Blicke, Berührungen und einfühlsam begleitete Spielphasen. Die Eltern gingen zwei Stunden zur Babytherapie der „Emotionellen Ersten Hilfe" nach Thomas Harms, um Entspannung zu erleben und dadurch stärker im Kontakt mit ihrem Kind zu sein. Die Mutter hatte in diesen Therapiestunden die Möglichkeit, über die Geburt und ihre Ängste zu sprechen.

Begegnen Sie dem Säugling mit Liebe und Zartgefühl. Vertrauen Sie Ihrem Bauchgefühl.

Was beinhaltet diese Arbeit?

Die erlebten Erfahrungen zwischen Mutter/ Vater und Kind im Bereich des Bondings ermöglichten eine gute frühe emotionale Versorgung trotz der Belastungen nach der Geburt. Die Eltern nutzten ihre Fähigkeiten zur eigenen Intuition und damit dem Handeln aus dem Bauch heraus. Das ist beeindruckend, da die Mutter ja ganz verunsichert schien. Die Mutter erzählte von ihrem Weinen über die Geburtssituation. Dieses spricht dafür, dass die Mutter durch das Ausdrücken der Gefühle ein Stück der Anspannung löste, um so die eigenen Gefühle zum Kind zu spüren. Die zwei Stunden der Babytherapie ermöglichten es den Eltern, über das

Erlebte zu sprechen, ernstgenommen zu werden und verstärkt körperliche Entspannung zu spüren. Durch begleitete Körper- und Herzerfahrungen erfuhren das Kind und die Eltern eine Entspannung der Situation, liebevolle Zwiesprache wurde möglich. Die Mutter konnte frühzeitig ihre Schuldgefühle loslassen und somit offen für die Zukunft sein. So konnte eine sichere Bindung entstehen.

Mit der Unterstützung der Emotionellen Ersten Hilfe weichen belastende Gefühle sowie Gedanken und das Stresserleben nimmt deutlich ab. Eltern haben wieder einen Zugang zu sich, so kann sich Ruhe entfalten. Aus dieser Verbundenheit zu sich können Eltern wieder intuitiv ihr Baby mit seinen Bedürfnissen wahrnehmen und verstehen. Eltern und Babys brauchen ein inneres Band, eine Verbindung, die ohne Worte auskommt. So entsteht ein wirkliches Verstehen der Babysignale und damit kraftvolle Zuversicht und tief empfundene Nähe. Die Babytherapie ermöglicht oftmals einen positiven weiteren Bindungsaufbau. Karl geht nun selbstbewusst in den Kindergarten, ist ein neugieriges interessiertes Kind und hat gute Freunde.

Zum Weiterlesen: Emotionelle Erste Hilfe von Thomas Harms

Fazit Bindung

Für die Bindungsqualität ist die Feinfühligkeit der Bezugsperson wie im Fallbeispiel Karl beschrieben entscheidend. Feinfühligkeit beinhaltet das Wahrnehmen von Bedürfnissen des Kindes, die angemessene Deutung dieser Bedürfnisse und die altersgerechte Reaktion. Die geschilderten Beispiele haben gezeigt, dass sich Bezugspersonen immer wieder neu den Bindungsherausforderungen stellen müssen. Bindungsstärkung ist dabei in allen Bereichen des Alltags möglich.

Gundula Göbel | Schrei nach Geborgenheit

Das Bindungsverhalten entwickelt sich im ersten Lebensjahr am stärksten. Die Entwicklung des Bindungsmusters ist als laufender Prozess zu sehen. Unser Bindungsmuster begleitet uns, egal wie es sein mag, das ganze Leben, aber wir behalten die Chance, daran im Positiven etwas zu verändern. Durch intensive verlässliche Ereignisse mit anderen Menschen ist es möglich, für das Bindungsmuster Kompensationsstrategien zu entwickeln und positive Erfahrungen abzuspeichern. Wir sind unseren bisherigen Bindungserfahrungen nicht ausgeliefert, sondern behalten die Verantwortung, selbst positive Bindungserlebnisse zu aktivieren.

Wenn wir keine Nahrung zu uns nehmen, verhungern wir. Wenn wir keine liebevollen und anerkennenden Erfahrungen erleben dürfen, verhungern wir emotional. Ohne die eigenen selbstbestimmten Handlungen entwickeln wir kaum Selbstvertrauen und fühlen uns nicht anerkannt, beachtet und geliebt. All das führt dann zum Schrei nach Geborgenheit.

Ein sicheres Bindungsmuster in den ersten Jahren ist ein großer Schatz und Schutz für unser ganzes Leben. Als Bezugspersonen können wir für den Erhalt und die Entwicklung eines sicheren Bindungsmusters sorgen und immer wieder, in jeder Lebensphase des Kindes, die Bindung stärken und aktiv gestalten.

Bindungsstärkung ist jederzeit im Alltag möglich.

Bindung beinhaltet:
- **Bonding**
- **Vertrauen**
- **Gemeinsame verlässliche Zeit**
- **Grenzachtung**
- **Kontakt mit gleichaltrigen Kindern**
- **Schutz/Trost**
- **Eigene Erfahrungen**
- **Eltern als Vorbild**

Bildung

Spielerisch lernen

Kinder kommen heute, meiner Beobachtung und Einschätzung nach, mit immer größerer Leistungskompetenz zur Schule. Aber auch mit immer größeren Problemen. Viele Kinder können zu Beginn der Schule schon Englisch sprechen, haben verschiedene Sportarten ausprobiert, nehmen Musikunterricht und sind zum Teil sprachlich sehr weit. Sobald jedoch die ersten Anforderungen kommen oder die Einhaltung von Regeln und Grenzen oder Eigenständigkeit gefordert wird, kommt es zu massiven Auffälligkeiten.

Ich konnte im Laufe meiner Praxiszeit vielfach feststellen, dass Kindern der Grundstein für das Lernen fehlt. Es fehlt verlässliche Bindung und Selbstsicherheit. Bei einigen Kindern fehlen ganze Bereiche positiver Erfahrungen, wie im Teil „Bausteine der Bindungsentwicklung" zuvor beschrieben. Viele Kinder sind verunsichert in ihren Beziehungen und der Bindung

Kinder wollen im Kindergarten oder in der Schule willkommen sein um spielen und lernen zu können.

| Gundula Göbel | Schrei nach Geborgenheit

zu ihren Bezugspersonen oder zu anderen Menschen. Früher wurde gesagt: „Das Urvertrauen ist erschüttert." So ähnlich können wir es uns auch heute vorstellen.

Einige Kinder wirken in der Grundschule schon „cool". Leider bedeutet das oft, dass sie ihre Gefühle verschlossen haben. Wie können diese Kinder dann noch auf von außen gesetzte Regeln und Unterrichtsinhalte reagieren? Wir wissen schließlich, dass das Lernen und die Einsicht nur über emotionale Beteiligung möglich sind. Zum großen Teil wird heute durch die Situation in den Schulen, durch Leistungsdruck und ständige Bewertungen das ansonsten sichere Bindungsmuster eines Kindes geschwächt. Auch das Bindungsverhalten von Erzieherinnen und Lehrkräften spielt eine zentrale Rolle.

"Kinder lernen am besten, wenn sie ihren Lehrer mögen und davon ausgehen können, dass ihr Lehrer sie mag."
Gordon Neufeld

Wie bisher beschrieben, ist Bindung und damit Beziehungserfahrung die entscheidende Grundlage für eine angemessene Entwicklung, sich geborgen fühlen zu können. Es wird aber nicht jedes Kind ein sehr guter Schüler, auch wenn es eine sichere Bindung zeigt. Aber was entscheidend ist: Es ist auf diesem Weg möglich, das Potential des Kindes zu entfalten. Jedes Kind hat viele unterschiedliche Stärken und Interessen, und jedes Kind ist anders.

Es gibt Kinder oder Jugendliche mit sehr guten Noten, die sich den Leistungsbereich als Ausgleich für wenig Bindung suchen. Sie erfahren Anerkennung für Leistung und geben sich so Struktur. Häufig reagieren diese Kinder oder Jugendlichen dann bei Konflikten in der Schule oder gerade in Entwicklungsabschnitten, wie dem Übergang zur weiterführenden Schule oder in der Pubertät, mit psychosomatischen oder selbstverletzenden Symptomen. Diese Schüler und Eltern benötigen therapeutische Unterstützung. Denn Bindungsstärkung geht immer!

Die Beziehung zur Lehrkraft ist für den betreffenden Schüler extrem wichtig und sollte daher nicht außer Acht gelassen werden. Die beschriebenen Bindungsvoraussetzungen und die emotionale Situation des Kindes sind das Eine, aber die Beziehung zum Lehrer beeinflusst die Leistungsbereitschaft eines Kindes ebenfalls ganz erheblich. Das bedeutet, dass Erzieher und Lehrkräfte eine besonders große Verantwortung tragen, ob sie ein Kind emotional erreichen und damit die Lernbereitschaft aktivieren oder diese blockieren. Das eigene Bindungsmuster der Lehrkraft spielt dabei eine Rolle. Denn ihre eigenen Erfahrungen mit Bindung spiegeln sich im Umgang mit den Schülern wider.

Wir alle sind schließlich von unseren Bindungsmustern geprägt. Diese Bindungserfahrungen beeinflussen unser Handeln und den Umgang mit anderen Menschen, auch mit Schülern und Eltern. Dieses hat Auswirkungen auf das Lernverhalten und die Motivation von Kindern.

„Kinder erleben nichts so scharf und bitter wie die Ungerechtigkeit."
Charles Dickens

Mit Motivation und Neugierde geht es zur Schule.

„Als Marie zur Schule kam, war sie motiviert und wissbegierig, aber nach einem halben Jahr änderte sich ihre Einstellung zur Schule dramatisch. Die Gespräche mit der Lehrerin waren sehr konstruktiv und lösungsorientiert. Uns war unbegreiflich, warum Marie zunehmend das Interesse am Unterrichtsstoff verlor. Als ich dann als Lesemutter in der Schule aushalf, bekam ich mit, wie die Schüler ihre Hefte vorzeigen mussten und die sonst so freundliche Lehrerin außer strenger Kritik keine lobenden Worte mehr für die Schüler fand. Es war deutlicher Frust wahrzunehmen, weil die Kinder mit genau dieser Reaktion zu rechnen schienen. Anschließend ging der Unterricht lustlos weiter.

In dieser Zeit waren wir sehr ratlos, wie dieses Problem gelöst werden könnte, ohne mit der

Gundula Göbel | Schrei nach Geborgenheit

Schneller als es die meisten Eltern, Lehrkräfte oder Erzieher erwarten, lässt sich das Grundvertrauen eines Kindes stärken. Es entwickelt sich ein Gefühl von „Ich gehöre dazu, ich bin wichtig". Genauso schnell lässt sich das Grundvertrauen auch erschüttern: Besonders durch Abwertung vor der Klasse und Missachtung, auch durch zu große Erwartungen und ständige Belehrungen reduziert sich die Sicherheit des Kindes und damit seine Leistungsfähigkeit. Vgl. Hüther/ Michels S. 52

Es besteht schon beim Kind die Gefahr eines Burnouts, einer kindlichen Depression oder anderer psychosomatischer Symptome. Kinder entwickeln sich über viele Jahre hinweg schnell und sind in dieser Zeit häufig instabil. Auch hier gilt: Eines der besten Gegenmittel gegen Stress ist eine sichere Bindung.

Zum Weiterlesen:

Gehirnforschung für Kinder von G. Hüther und I. Michels

Kinder mit ihrem ureigenen Temperament akzeptieren und annehmen. Mobbing keine Chance geben.

Sicher gebundene Kinder in Kindertagesgruppen oder im Schulalltag

- nehmen ihr Umfeld und andere Kinder eher positiv wahr,
- zeigen eine ausgeprägte soziale Kompetenz,
- haben Interesse an Beziehungen zu anderen Kindern,
- pflegen gute und längere Freundschaftsbeziehungen,
- zeigen angemessenes Einfühlungsvermögen,
- haben ein stärker ausgeprägtes Selbstwertgefühl und Selbstvertrauen,
- zeigen beim Spielen und Lernen eine positive Grundhaltung,

Wir brauchen für die Kinder auf ihrem Weg zum Erwachsensein viele verlässliche Menschen.

- haben angemessenen Respekt und kennen die Einhaltung von angemessenen Regeln,
- zeigen höhere Frustrationstoleranz und weniger depressive oder hyperaktive Symptome.

Angst blockiert das Kind in seiner Entwicklung und in seiner Lernbereitschaft.

Wir benötigen keine neuen Förderprogramme für Kindergarten- und Schulkinder, sondern mehr Zeit und eine angemessene „emotionale Versorgung". Wir benötigen die Bereitschaft, nicht das „Einheitskind" haben zu wollen, sondern die unterschiedlichen Kinder mit ihrer eigenen Persönlichkeit zu akzeptieren und sie so zu nehmen und zu lieben wie sie sind, mit ihrem ureigenen Temperament.

Wir benötigen in den Kindertagesstätten und Schulen zum Beispiel dringend sogenannte „Zuhörer" – Omas oder Opas, Menschen, die einfach für die emotionalen Bedürfnisse der Kinder da sind. Denn ein Lehrer mit 25 Kindern und dem erforderlichen Pensum kann dieses heute kaum noch leisten. Solange wir uns aber nicht um die Emotionalität der Kinder und Bezugspersonen außerhalb des Elternhauses kümmern, werden die Verhaltensauffälligkeiten weiterhin zunehmen. Die psychischen Erkrankungen von Kindern werden weiter steigen und die Zahl der Einweisung in die Kinder- und Jugendpsychiatrie ebenfalls.

Wir sind alle gefordert! Im besonderen Maße sind wir als Eltern gefordert, uns um die Zukunft unserer Kinder intensiv zu kümmern. Der Grundstein der Probleme liegt fast immer in den Anfängen der Kindheit. Durch eine zunehmend verunsicherte und leistungsorientierte Gesellschaft wird es zusätzlich erschwert, sicher gebunden durch diese Welt zu gehen. Der Bindungsbaum auf Seite 94 zeigt, dass die Bildung in der Krone verankert ist, zuvor aber Bonding und Bindung erlebt werden müssen, um diese Krone auszubauen.

Ohne die Wurzeln (Bonding) und den Stamm (Bindung) hat die Krone (Bildung) keinen Halt.

Bausteine der Bildungsentwicklung

Im Folgenden möchte ich einige praktische Beispiele vorstellen, wie Kinder im Alltag – mit einfachsten Mitteln, aber großer Wirkung – in ihrer Entwicklung unterstützt werden können.

Zeit zum Ausprobieren

Ziel: Größen erfassen, Mengen erfahren, Experimentierfreude stärken

Lassen Sie Ihr Kind im kleinen vertrauten Rahmen die Welt entdecken und erfahren, z. B. im Alltag verschiedene Schuhe der Erwachsenen anprobieren. Das Kind wird so Erfahrungen sammeln, die es für das Erlernen des Rechnens benötigt, es erfährt spielerisch etwas über Größen und Mengen.

Eine weitere Möglichkeit ist das Spielen mit unterschiedlich großen Schüsseln, um diese mit Wasser und verschiedenen Materialien zu befüllen und sich dabei auszuprobieren. Kinder brauchen dazu keine Anleitung, sondern die wohlwollende Begleitung der Erwachsenen. Wasser kann aufgewischt werden, schmutzige Kleidung wird einfach gewaschen.

Auf großen Füßen die Welt erkunden, um Größen und Mengen zu verstehen.

Das teuerste Spielzeug ist dabei nicht so gut wie jegliches Alltagsmaterial. Zur Erfassung von Mengen ist es förderlich, zusammen zu kochen, zu backen, dabei abzuwiegen und die Kinder bei der Hausarbeit helfen zu lassen. Geben Sie Kindern die Chance, mit viel Zeit eigene Erfahrungen mit unterschiedlichsten Materialien zu sammeln.

Kinder sehen die Welt mit ihren eigenen Augen und kindlichen Phantasien.

Kostbare Zeit
zum phantasievollen
Spielen.

„Unsere größten
Erlebnisse sind nicht
unsere lautesten,
sondern unsere
stillsten Stunden."
Jean Paul

Spielen des Kindes

Ziel: Spaß erleben, in sich versunken sein, Phantasieentwicklung, Stärkung der Konzentration

Beim Spielen in der Sandkiste, mit Autos, Puppen oder bei Rollenspielen benötigt ein Kind Zeit, um sich in seine Beschäftigung zu vertiefen.

Gönnen Sie Ihrem Kind diese kostbare Zeit, dann wird es sich die Freude am Spielen – allein, mit anderen Kindern oder mit Ihnen – sicher bewahren können. Sich Zeit nehmen können und diese Zeit zu füllen sind große Schritte zur Entspannung. Diese Fähigkeit benötigt ein Kind auch um die Anforderungen der Schule gut verkraften zu können. Denn so wird ein Kind auch in den Grundschuljahren die Zeit zwischen der Schule und den Hausaufgaben zum Spielen und Toben und damit zur kognitiven Entspannung gut nutzen können.

Gemeinsames Essen

Ziel: Dem Kind Struktur, Regeln und Spaß am Essen vermitteln

Beim gemeinsamen entspannten Essen lernt das Kind, seine Bedürfnisse zurückzustellen und das Interesse der Familie im Vordergrund zu sehen. Wenn dies als Erfahrung erlebt und vorgelebt wird, ist es auch möglich, sich in einer Klassengemeinschaft zurückzunehmen, abzuwarten, bis man an der Reihe ist, und Regeln einzuhalten. Auch Enttäuschungen auszuhalten, wenn es nicht das Lieblingsessen gibt, gehören dazu. Das Kind lernt dies schon früh und muss bei Frust in der Schule nichts kaputt machen oder den Unterricht anderweitig stören. Notwendig bei diesen Erfahrungen ist es, dass das Kind innerhalb dieser Situationen erfährt, dass seine Interessen eine Rolle spielen und es Gehör findet. Wir benötigen dazu keine Konzentrationsspiele am Computer, sondern können diesen Bereich ganz bewusst beim gemeinsamen Essen fördern!

Die Situation am Tisch ist jedoch kein Platz für Erziehungsgespräche. Wenn dies aber geschieht, kann kein Kind angemessen sitzenbleiben und es vergeht ihm der Hunger. Decken Sie gemeinsam mit Ihrem Kind den Tisch, denn schönes Aufdecken ist für die Lust am gemeinsamen Essen genauso förderlich. Versuchen Sie, eine positive Stimmung beim Essen aufkommen zu lassen, so dass Ihr Kind gerne sitzenbleiben mag – je nach Alter unterschiedlich lange. Bleiben Sie als Familienmitglieder ebenfalls sitzen, auch wenn Sie das Brot lieber vor dem Fernseher essen möchten, um die Nachrichten anzusehen. Ihr Vorbildverhalten erspart Ihnen später viel Streit.

Alltagsmemory

Ziel: Verantwortung übernehmen, Förderung der Koordination, Wahrnehmungsförderung, Stärkung des Selbstvertrauens

Das Kind lernt, dass es helfen darf, ihm etwas zuge-traut wird, und übernimmt damit im häuslichen Bereich Verantwortung. Es geht nicht um Lust oder Unlust, sondern darum, dass bestimmte Aufgaben erledigt werden müssen. Das ist auch in der Schule bedeut-sam. Das Kind erfährt Anerkennung bei der Erledigung seiner Aufgaben, und es ist wichtig, diese nicht als Strafe zu verteilen. Beim Tischdecken lernt das Kind, Zuordnung und kognitive Leistungen mit Tätigkeiten zu verknüpfen. Es muss also gedanklich dabei sein, sich überlegen, was es zu essen gibt und welches Ge-schirr und Besteck dazu auf den Tisch gehören. Das Kind kann kreativ werden und sich ausdenken, wie der Tisch hübsch und einladend gedeckt werden kann.

Mit dem Kind zusammen Strümpfe zu sortieren, ist ähnlich wie Memory zu spielen – immer zwei gleiche Strümpfe finden und diese zusammenlegen ist die Aufgabe. Wenn das Kind bestimmte Aufgaben mit Ih-rer Hilfe oder sogar alleine bewältigt hat, sollte eine Anerkennung bzw. ein Lob ausgesprochen werden.

Wenn Kinder altersangemessene Aufgaben er-folgreich erledigt haben, fühlen sie sich gut, und ihr Selbstbewusstsein wächst daran.

Wir alle brauchen diese Anerkennung, einen Dank und nette Worte und ganz besonders Ihr Kind.

Anziehen des Kindes

Ziel: Eigenverantwortung, Zeit haben dürfen, Fehler machen dürfen

Dieser Bereich ist für die kindliche Entwicklung geradezu ein Muss! Wie wollen wir einen eigenständigen, entscheidungsfreudigen Schüler haben, wenn wir als Eltern alle Entscheidungen abnehmen, nur damit in unseren Augen alles unter Kontrolle ist?

Wir begründen diese Kontrolle häufig mit der Gesundheit unserer Kinder. Aber wie kann ein Kind erfahren und lernen, was zu warme oder zu kalte Kleidung ist, wenn es das nicht selber ausprobieren und körperlich erfahren darf? Wir können unser Kind sinnvoll begleiten und unterstützen, je älter es aber wird, desto größer sollte der Radius seiner eigenen Entscheidungen sein dürfen. Geben Sie Ihrem Kind für das Anziehen der Kleidung und Schuhe genügend Zeit!

Wichtig ist dabeizubleiben, um es emotional zu unterstützen und zu loben. Je positiver diese Erfahrungen erlebt werden, desto einfacher und stressfreier wird Ihr Kind sich im Laufe der Zeit alleine anziehen können. Denn durch Motivation und Anerkennung geht alles leichter.

Zeit für Versuch und Irrtum ist so entscheidend, aber in unserer hektischen Zeit kaum noch möglich. Versuchen Sie, solche Zeiten für Ihr Kind wenigstens am Wochenende zu finden. In Krippen, Kindertagesstätten oder Schulen sollten den Kindern Zeiten zur Verfügung stehen, in denen sie ohne Druck Erfahrungen sammeln können. So bleiben Kinder bei ihren Gefühlen. Wenn sie sich spüren und fühlen können, werden sie auch auf dem Platz sitzen bleiben können und aktiv am Unterricht teilnehmen. Diese Kinder werden gerne spielen und viel ausprobieren mögen. Kinder, die überwiegend fremdbestimmt sind, zeitlich unter Druck stehen und von Termin zu Termin hetzen müssen, werden unruhige, aggressive oder sehr klammernde Kinder.

Kinder experimentieren lassen

Ziel: Experimentierfreudigkeit fördern, Neugier wecken, eigene Erfahrungen erleben dürfen, dem Kind das Gefühl von Freiheit, Eigenständigkeit und Verantwortung vermitteln

Hier nur ein paar Anregungen zur Unterstützung der Experimentierfreude: Stellen Sie Ihrem Kind je nach Alter unterschiedliche Behälter wie Shampooflaschen, kleine Plastikdosen oder Eierbecher und Pinsel, Plastiklöffel u. ä. in der Badewanne oder Sandkiste zum Spielen zur Verfügung.

Das Kind sammelt so Erfahrungen mit Mengen und Größen und kann mit Neugier und Phantasie Spiele selbst entwickeln. Das Kind kann Behälter befüllen, Wasser von Behälter zu Behälter schütten – all das sind Erfahrungen für den späteren Schulalltag. Bewahren Sie Ihrem Kind die Neugier des Ausprobierens! Die Kinder erleben ein Gefühl der Freiheit, anders als bei vorgefertigtem Spielzeug. Lassen Sie Ihr Kind ruhig versunken spielen. Kinder brauchen Zeit für das eigene Spiel.

Ermöglichen Sie Ihrem Kind auch je nach Alter und Persönlichkeit unterschiedlich lange mit anderen Kindern ohne Eltern zu spielen. So können Kinder miteinander Erfahrungen sammeln ohne die Bewertung von Erwachsenen. Erlauben Sie Ihrem Kind, sich zu verabreden. Das Spielen mit anderen Kindern hat eine viel intensivere Wirkung für die Entwicklung des Kindes als der Kontakt nur mit Erwachsenen. Das Kind lernt Frustrationen auszuhalten und dass jedes Kind anders ist. Aber auch, dass es selber für sich Verantwortung übernimmt. Für eine angemessene Bildung ist es für

Mit Zeit die Experimentierfreude im kreativen Ausdruck erleben.

Kinder notwendig, Verbundenheit zu spüren. Kinder brauchen die Nähe zu und die Gemeinschaft mit anderen Kindern, um zu lernen mit Gefühlen umzugehen und stark zu sein, z. B. zur Konfliktbewältigung und gegen Mobbing in der Schule.

Toben, Bewegung und Wahrnehmungsentwicklung

Ziel: Spaß an der Bewegung erleben, Koordinationsfähigkeit fördern, Lernen erschließt sich über Bewegung, Körpererfahrungen ermöglichen Selbstvertrauen

Das Kind entdeckt über das Krabbeln die Welt. Vermitteln Sie Ihrem Kind die Lust auf Bewegung und unterstützen Sie es, wo immer möglich. In jedem Alter benötigt es, sich in der Bewegung auszuprobieren, um dabei die nötigen Sinnes- und Körpererfahrungen zu machen.

Dies sind ganz entscheidende Erfahrungen für die gesamte Wahrnehmungs-, Bindungs- und Lernentwicklung. Das Kind sollte draußen herumtoben können, um sich zu spüren und damit ein Gefühl für den eigenen Körper zu entwickeln. Schaukeln Sie mit dem ganz kleinen Kind ruhig auf dem Schoss, das genießen die meisten Kinder. Schaukeln macht nicht nur Spaß, die Gleichgewichtserfahrungen beim Schaukeln bringen Kinder und Jugendliche auch emotional in ihr Gleichgewicht. Bälle sind für Kinder jeden Alters ein wahrer Schatz. Ermöglichen Sie Ihrem Kind zu Hause, in der Wohnung oder im Garten Platz für Bewegung. Trauen Sie ihm etwas zu, dann wird es Freude an der Bewegung erleben und viele eigene Ideen entwickeln können. Geben Sie Ihrem Kind Ermutigung und Zeit für körperliche Erfahrungen wie z. B. Toben, Klettern, Hüpfen, Springen, Tanzen, Matschen, Wasserspiele, Ballspiele, Trampolinspringen oder eine Kissenschlacht. In jeglicher Art der Bewegung entwickelt Ihr

Kind Bewegungsgeschick. Das reduziert die Unfallgefahr und stärkt das Selbstwertgefühl.

Die Bewegungserfahrungen und die psychische Befindlichkeit sind dabei eng miteinander verknüpft. Wenn Ihr Kind lustlos ist und herumnörgelt, gehen Sie zusammen nach draußen, egal bei welchem Wetter. Das Patschen durch Pfützen ist großartig, Sie sparen sich Nerven, und die Situation entspannt sich meist von selbst. Schon das Baby nimmt mit seinem Körper Kontakt auf. Die Hände und Füße sind in Bewegung. Das wichtigste Sinnesorgan für das Baby ist dabei die Haut. Durch die Berührung entsteht innere Bewegung. Und jedes Kind erschließt sich die Welt über Bewegung. Das Kind erfährt dabei körperliche Möglichkeiten, aber auch Grenzen. Kinder können ihre Gefühle in der Bewegung ausdrücken und verarbeiten. Geben Sie Ihrem Kind den Freiraum, die Zeit und das Vertrauen für eigene ganz wichtige Erfahrungen. Sie werden mit Ihrem Kind viele Glücksmomente erleben dürfen.

Das Schaukeln ermöglicht Gleichgewichtserfahrungen und schafft emotionale Ausgeglichenheit.

Zusammenfassend

Die Lernmöglichkeiten von Kindern sind ganz vielfältig, einige Beispiele habe ich beschrieben. Der Alltag bietet jedoch noch so viel mehr. In den Beispielen ging es um Bildung, also das Erlernen von Fähigkeiten, immer gekoppelt mit den Erfahrungen der zwischenmenschlichen Beziehung, der Bindung. Nur mit der Einheit von Bindung und Bildung haben Kinder eine Chance, ihr großes Potential zu nutzen, ohne daran psychisch zu zerbrechen. Wenn es zu Überlastung, zu zuviel Unsicherheit kommt, sollten wir bis zum Bonding zurückkehren. Dann benötigt das Kind/der Jugendliche besonders viel Sicherheit über Körper- und Blickkontakt, Anerkennung seiner Bedürfnisse und non-verbale Nachversorgung. In der folgenden Abbildung ist dieses verdeutlicht.

Bindungsbaum

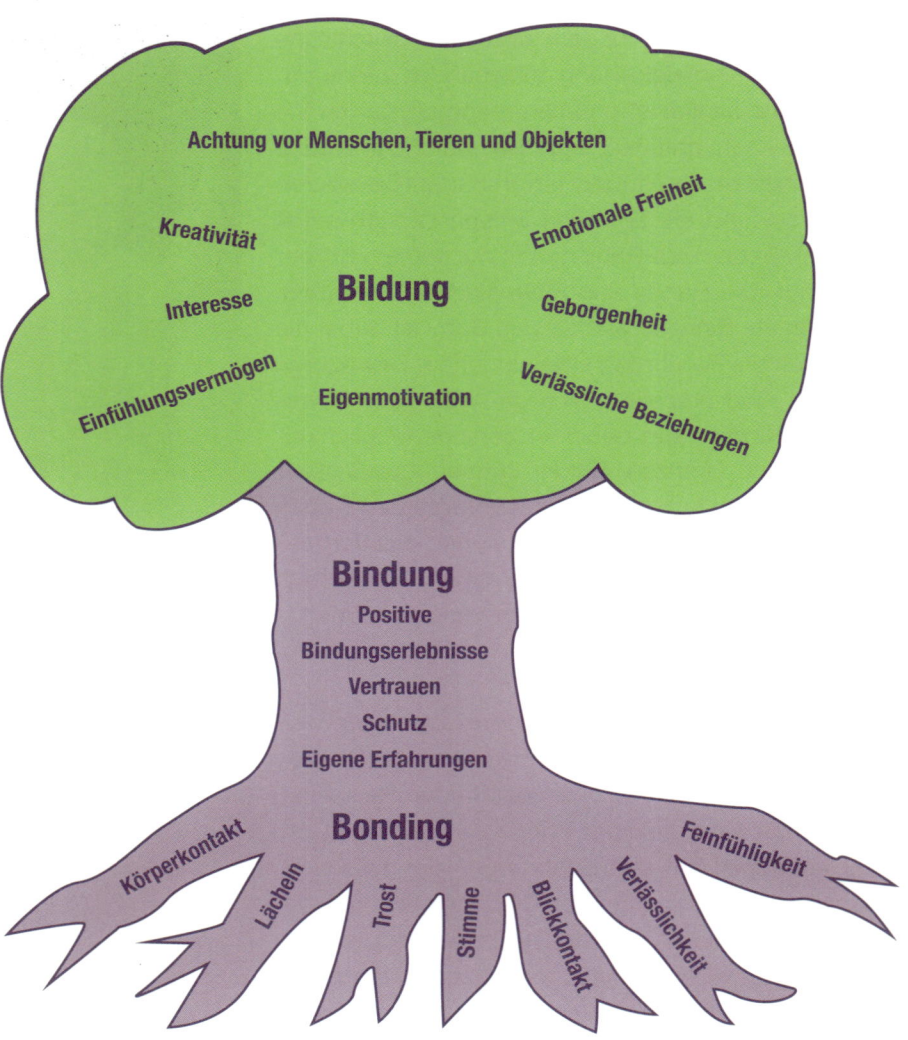

Achtung vor Menschen, Tieren und Objekten

Kreativität

Emotionale Freiheit

Interesse

Bildung

Geborgenheit

Einfühlungsvermögen

Eigenmotivation

Verlässliche Beziehungen

Bindung
Positive
Bindungserlebnisse
Vertrauen
Schutz
Eigene Erfahrungen

Bonding

Körperkontakt

Lächeln

Trost

Stimme

Blickkontakt

Verlässlichkeit

Feinfühligkeit

Abb. 6
Bindungsbaum

Zum Downloaden
unter www.gundula-goebel.de

Der Bindungsbaum zeigt, dass zuerst die Wurzeln, die Bondingerfahrungen, entscheidend sind, sich darauf die Bindungsentwicklung stützt und in der Krone die hier beschriebene Bildung in den unterschiedlichsten Facetten entfaltet.

Fallbeispiel Bildung

Die Geschichte von Nils ist stellvertretend für viele Kinder, die Schulsorgen aufgrund ihres Verhaltens haben. Hier wird auch deutlich, wie ähnlich sich viele Biographien sind. Es geht um Zurückweisung, Abschied, frühe Traumatisierungen und um die Suche nach verlässlichen Menschen. Der Schrei nach Geborgenheit findet hier einen Ausdruck.

„Was nicht in die Wurzel geht, geht auch nicht in die Krone."
Friedrich Georg Jünger

Nils, 10 Jahre alt

Im Juni kamen die Pflegeeltern von Nils zum Vorgespräch in meine Praxis. Die Pflegemutter war verzweifelt, da sie große Angst um ihren Sohn hatte, der vom Schulunterricht ausgeschlossen werden sollte. Sein Verhalten war nach Aussagen des Lehrers nicht mehr tragbar. Nils fiel durch ständiges Stören auf, rief seine Antworten einfach in den Raum hinein und ließ seine Wut an seinen Mitschülern aus. Außerdem war er nur schwer zu motivieren, am Unterricht überhaupt aktiv teilzunehmen.

Laut Pflegevater hörte Nils nur auf den Lehrer, wenn er Lust dazu hatte. Nils fiel es schwer stillzusitzen, er war ein unruhiger, aber liebenswerter Schüler. Der Pflegevater hatte für diese Probleme nur eine Antwort – das Schulsystem. Auf Nachfragen wurde deutlich, dass es zu Hause ebenfalls erhebliche Probleme gab. Da der Junge bereits in einer Arztpraxis getestet wurde, erfuhr ich, dass er einen guten IQ hat und damit zum Gymnasium gehen könnte. Er war leistungsmäßig nicht überfordert. Die Pflegemutter weinte, da sich ihrer Meinung nach Nils alles selber kaputt machte. Seit seinem fünften Geburtstag nahm Nils Medikamente. Nach vier Jahren der Einnahme setzten die Pflegeeltern in Absprache mit dem Arzt diese ab, da ein Erfolg kaum zu beobachten war.

Im Gespräch erzählten die Pflegeeltern, dass Nils mit drei Jahren zu ihnen kam, da seine leiblichen Eltern ihn nicht angemessen versorgen konnten. Er kam vier Wochen zu früh auf die Welt. Bekannt ist noch, dass er als Kleinkind oftmals in seinem Bettchen angebunden und auf seine Bedürfnisse nach Nähe kaum reagiert wurde. Spielangebote bekam er selten, die leiblichen Eltern kümmerten sich unzuverlässig um das Kind. Mit zweieinhalb Jahren wurde der Junge durch das Jugendamt aus der Familie genommen und kam für fünf Monate in ein Kinderheim, bis ihn dann seine heutigen Pflegeeltern zu sich nahmen. Der Junge wird nicht zur Ursprungsfamilie zurückkehren können, jedoch geben ihn die leiblichen Eltern nicht zur Adoption frei. Besuchskontakte mit ihnen gibt es nicht.

Wenn wir nun an die bereits beschriebenen Bindungsmuster denken, wird schnell deutlich, warum Nils solche Probleme in der Schule hat.

Sein Bindungsmuster verläuft von unsicher-ambivalent bis hin zu unsicher-desorientiert. Die Pflegeeltern geben dem Jungen durch Verlässlichkeit und gute emotionale Versorgung so viel Sicherheit wie möglich. Dennoch wird durch die frühen unzureichenden Bindungserfahrungen und das heutige Verhalten eine Verbesserung der Bindungsqualität erschwert. In der Schule wird Nils als „verhaltensauffällig" eingestuft, und viele Eltern wollen so ein Kind nicht in der Klasse haben. So gerät Nils in große Not und seine Sehnsucht nach Anerkennung und verlässlichen Bindungsmomenten wird ständig enttäuscht. Jedes Kind hält nur begrenzt Zurückweisung und das Gefühl von Ausgeschlossensein aus. Durch das Anbinden im Kinderbett, die Erfahrung, nicht ausreichend emotional versorgt zu sein, durch nicht befriedigte Grundbedürfnisse und das Verlassenheitsgefühl hat sein Körper abgespeichert, ich bin unwichtig, mir kann keiner helfen. Sein Vertrau-

en wurde nachhaltig erschüttert. Deshalb reagiert Nils nur unregelmäßig auf Anweisungen und es fehlt ihm Einfühlungsvermögen, wie es anderen mit ihm geht. Er selbst zeigt wenig Einsicht, da ihm die Erfahrungen von sicherer Bindung aus der ersten Zeit fehlen.

In diesem Fall ist eine bindungsorientierte Trauma-therapie gemeinsam mit den Pflegeeltern notwendig, und es wird für Nils ein langer Weg sein, zu mehr Bindungssicherheit zu gelangen.

Was beinhaltet diese Arbeit?

In erste Linie geht es um das Verstehen, was hinter den Auffälligkeiten für eine tiefe Bedürftigkeit und Sehnsucht nach Anerkennung, Orientierung und Sicherheit steht. Der Junge benötigt Verlässlichkeit in der Bindung, aber auch ein Rückbesinnen auf die frühen Belastungen. Denn all seine Erfahrungen mit den leiblichen Eltern und im Heim sind in seinem Körper abgespeichert und nicht durch eine neue liebevolle Familie zu löschen. Wir können Kindern, wie hier Nils, nur viele positive Bindungserfahrungen ermöglichen, damit sie Kompensationsstrategien entwickeln können und viele weitere gute Bindungserfahrungen mit verlässlichen Pflegeeltern, aber auch mit anderen Menschen im Umfeld (siehe Bindungsmosaik) möglich werden. Nur durch gelebte Bindung wird es Nils möglich werden, am Unterricht teilzunehmen und Neugier und Interesse zu entwickeln, um lernen zu können.

Meist lasse ich Pflegeeltern die Geschichte vom Kennenlernen ihres Kindes und ihre ersten Gefühle gegenüber dem Kind beschreiben. Dieses geschieht in therapeutisch begleiteten Schritten. Dabei geht es um emotionale Berührungen und das gleichzeitige Erzählen der ganz eigenen Geschichte des Willkommenheißens in der neuen Familie. Das Herz des Kindes wird

Bindung zum Lehrer schafft den Nährboden zum Erlernen von Wissen, Fertigkeiten und Kreativität.

erreicht. Diese Arbeit ist sehr behutsam und für mich jedes Mal auf ein Neues tief berührend.

Fazit Bildung

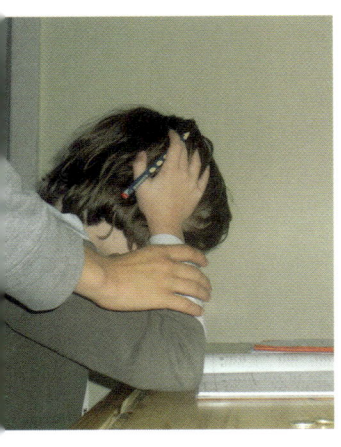

Wertschätzung, Lob und willkommen sein machen das Lernen möglich.

Wie beschrieben und durch den Bindungsbaum anschaulich dargestellt, sind als Voraussetzung für eine angemessene Bildungschance gute Bindungserfahrungen notwendig, sowie das Gefühl sich sicher und geborgen zu fühlen.

Die verlässlichen Bindungserfahrungen ermöglichen Kindern und Jugendlichen, dass die Lernbereitschaft und Eigenmotivation gefördert wird, und ganz besonders, dass sich die kreativen, praktischen wie theoretischen Bildungsmöglichkeiten entfalten. Bildung ist nicht gleichzusetzen mit guten Noten. Nur wenn ein Kind viele positive, verlässliche und unterschiedliche Erfahrungen mit seinen Bezugspersonen im Laufe seiner Entwicklung erleben und abspeichern konnte, wird es im Schulalltag die notwendige Kompetenz zum Lernen zeigen, Eigenmotivation entwickeln und den Spaß am Ausprobieren nutzen können und sich trauen eigenständig zu denken.

Das Bindungsmuster der Erzieherin oder Lehrkraft ist ebenfalls ganz entscheidend und beeinflusst das Kind und dessen Lernverhalten erheblich.

Ein wohlwollendes verlässliches Bindungsverhalten ist die Voraussetzung für Bildung und psychische Gesundheit. Säuglinge, Kinder und Jugendliche lernen über Gefühle, und die positiven Gefühle ermöglichen erst das Lernen. Gefühle der Angst blockieren und hemmen dagegen das Lernverhalten und die Eigenmotivation. Wenn es mit Kindern in Einrichtungen, zu Hause oder in der Schule schwierig wird, sollten wir uns an die Wurzeln der Bindung, also an das Bonding erinnern und altersentsprechend für die Kinder und uns daraus Handlungsideen entwickeln. Die Einsicht und das Lernen brauchen unbedingt eine sichere Bindung.

Bildung beinhaltet:
- **Empathie**
- **Sicherheit**
- **Bonding und Bindung**
- **Wertschätzung**
- **Interesse**
- **Kreativität**
- **Rücksicht**

Pubertät

Rückblick auf die Bindungsentwicklung

Wenn wir an die Pubertät denken, wird vielen Eltern ganz angstvoll zu Mute. Welche Freunde werden die Kinder haben? Welchen Einfluss hat die Clique auf den Jugendlichen? Was ist die Aufgabe der Eltern in dieser Zeit? Es besteht viel Verunsicherung und Ratlosigkeit. Wenn wir als Eltern an die Verbundenheit und unsere Bindung zum Kind und die wichtigen Elemente der Entwicklung über Bonding – Bindung – Beziehung nachdenken, kommen wir schnell zu einem Ergebnis, was Jugendliche wirklich brauchen: Sie benötigen Grenzen und Rituale zu Hause. Das Vorbildverhalten der Eltern und anderer Erwachsener wird zur Orientierung erneut extrem wichtig.

Auch Jugendliche müssen mit Worten gestreichelt werden und brauchen körperliche Nähe, aber sicherlich ganz anders als jüngere Kinder oder gar Babys.

Auch Jugendliche müssen mit Worten gestreichelt werden und brauchen körperliche Nähe.

Gundula Göbel | Schrei nach Geborgenheit

Die Art der Berührung und des körperlichen Naheseins verändert sich im Laufe der kindlichen Entwicklung. Die Jugendlichen müssen sich mit ihren Wünschen, Meinungen und ihrer Art ernst genommen fühlen.

Wir haben eine große Verantwortung für unsere Kinder und Jugendlichen. Die häufige Orientierungslosigkeit in diesem Lebensabschnitt ist keine Krankheit oder Frechheit der Jugend, sondern ein Ausdruck ihrer verlorenen Verbundenheit, Angst und Ohnmacht, welche sich dann in einer Körperverspannung zeigen. Wenn diese Körperverspannung erst einmal da ist, wird der Jugendliche kaum noch mit Worten zu erreichen sein. Seine Kraft und Motivation für Handlungen schwindet.

Haben Sie wieder Mut, Ihrem jugendlichen Sohn oder Ihrer jugendlichen Tochter Beziehung und Verbundenheit anzubieten! Sie sind erwachsen und sollten den ersten Schritt gehen. Jedes Kind, egal wie alt es ist, hat ein Recht auf Geborgenheit und zuwendungsorientierte Eltern. Trauen Sie Ihren jugendlichen Kindern etwas zu, erwarten Sie etwas ganz Konkretes und erlauben Sie Eigenständigkeit. „Eine sichere Bindungsrepräsentation im Jugendalter geht auch mit einer gelungenen Balance von Autonomie und Verbundenheit in der Beziehung zu den Eltern einher." Becker-Stoll, Staatsinstitut, Nov. 2006

Auf Grund der angewandten Körpererfahrungen aus der sanften Bioenergetik und der „Emotionellen Ersten Hilfe" ist eine therapeutische Arbeit, wie ich sie in den Fallbeispielen darstellen werde, erst möglich. Denn Worte haben in der therapeutischen Arbeit mit Jugendlichen schnell Grenzen. Unterschiedliche Körpererfahrungen, wie ich sie noch beschreiben werde, Blickkontakt und eine gute therapeutische Beziehung gehen dagegen tief und bewirken ein verändertes Handeln.

Im Folgenden habe ich Beispiele aus vielen therapeutischen Stunden mit Jugendlichen ausgewählt. Aus

> Alle Babys, Kinder und Jugendlichen benötigen immer wieder altersangemessene Berührungen, um sich emotional entfalten zu können.

verschiedenen therapeutischen Interventionen habe ich diese Art der Arbeit für Kinder und Jugendliche für eine bindungsstärkende Psychotherapie entwickelt. Besonders gefällt mir, dass nicht die Schwächen und Symptome im Vordergrund stehen, sondern die sehr frühen Bonding- und Bindungserfahrungen. Es geht um ein Stück Nachversorgung und bestenfalls um ein „Stück-für-Stück-Lösen" der körperlichen Blockaden. Dadurch werden Gefühle aktiviert und für viele Jugendliche endlich spürbar. Durch das Spüren der eigenen Gefühle innerhalb des geschützten Rahmens der Therapiestunde ist es möglich, seinen Schmerz und seine eigenen Möglichkeiten, aber auch seine jetzige Verantwortung als Chance zu aktivieren.

Emotionale Nachversorgung ist auch in der Pubertät möglich.

Jugendliche haben in der Pubertät sehr häufig Probleme mit ihren eigenen Gefühlen, mit Ärger, Wut und Traurigkeit, und sie finden kaum einen Weg hinaus. Das geschieht, da sie durch frühe verunsicherte Bindungserfahrungen oder tiefe emotionale Verletzungen durch wichtige Personen ihre Gefühle blockiert haben. So sind der Schmerz und die Verletzung durch Eltern, Bezugspersonen oder Lehrer besser auszuhalten. Aber die Seele des Kindes und damit auch der Körper werden krank. In der Praxis habe ich sehr viele Jugendliche zwischen 12 und 19 Jahren behandelt, welche diese Gefühle gegen sich selbst richten, sich selbst verletzen, z. B. durch Ritzen, Essstörungen oder starken Alkohol- und Drogenkonsum. Immer häufiger kommt es auch zum großen Problem der kompletten Schulverweigerung.

Durch die Möglichkeit der Nachversorgung in der Therapiesituation fühlen sich vor allem die Eltern nicht mehr so schuldig und ausgegrenzt und sind dadurch zu einer intensiven Mitarbeit bereit.

Anfänglich war ich erstaunt, wie viele Jugendliche glücklich waren, dass ein Elternteil – häufig war es die

Mutter – in einigen Stunden aktiv mitgearbeitet hat. So viele Jugendliche und auch Erwachsene haben große Sehnsucht nach liebevollen Eltern oder Bezugspersonen! Gerade dieser intensive Kontakt, diese Geborgenheit ist es, welche Jugendlichen oft fehlt. Und meist ist eine ambivalente, verunsicherte oder verstrickte und zu enge Bindung der Grund. In einigen Situationen waren es auch traumatische Erfahrungen. Erst wenn dem Jugendlichen sein Beziehungsmuster und seine eigenen Sehnsüchte deutlich geworden sind, ist eine gesunde Ablösung von zu Hause möglich. Die Kinder und Jugendlichen benötigen eine echte, wohlwollende, wärmende, herzgebende Beziehung und Rückmeldung in der Therapie. Für manche Jugendliche ist auch eine Trauma-Therapie mit gleichzeitiger Bindungsarbeit notwendig.

Diese verschiedenen therapeutischen Handlungsmöglichkeiten ermöglichen Nähe, Aktivierung der Neuvernetzung im Gehirn und somit eine Aufarbeitung und emotionale Stärkung. Das ist direkte Heilung und Nachbemutterung, so dass die Jugendlichen mit ihrer Kraft der Pubertät wieder Bäume versetzen können, wenn wir es ihnen nur zutrauen und sie darin bestärken. Dazu ist die dringende Mitarbeit der Eltern erforderlich, denn auch Jugendliche benötigen neben viel Freiheit auch Verbundenheit, Geborgenheit und Anerkennung.

Wenn wir mit Jugendlichen arbeiten, können wir uns vorstellen, dass es um das „Prinzip der Erinnerungskassette" geht. Dieses Prinzip besagt, dass im menschlichen Körper sämtliche Lebensereignisse gespeichert sind. „Der Körper erinnert sich an alles, was ein Mensch bisher erlebt hat." Reich S. 50 Heute sprechen wir eher vom Prinzip Facebook. Facebook vergißt nicht und unser Körper auch nicht, obwohl es für uns nicht sichtbar ist.

Hinter jeder Sucht steckt eine Sehnsucht nach Liebe und verlässlicher Beziehung, nach Freiheit und gleichzeitiger Verbundenheit.

Bindungsstärkende Momente

- Vorbildverhalten (ca. 80% non-verbal), seien Sie selbst aktiv.
- Gehen Sie zusammen zum Essen, in die Eisdiele oder machen ein Picknick. Auf dem Spazierweg ist dann Zeit, sich über den PC, Filme oder andere aktuelle Interessen zu unterhalten, aber nicht zu streiten.
- Lachen Sie zusammen, schaffen Sie positive Gefühle und erziehen Sie nicht unentwegt.
- Interessieren Sie sich für die Themen der Jugendlichen. Lassen Sie sich auch helfen, z. B. am PC oder mit den Getränkekisten, und haben Sie dafür anerkennende Worte.
- Versuchen Sie, nicht ständig Recht haben zu wollen.
- Behalten Sie aus früherer Zeit feste Mahlzeiten bei. Das gibt Orientierung und Zeit für Kontakt.
- Gehen Sie mit Ihrer Tochter oder Ihrem Sohn shoppen, frühstücken oder finden Sie ähnliche verbindende Aktivitäten.
- Bringen Sie Ihrem Sohn oder Ihrer Tochter mal einen Obstteller oder einen Tee an den PC und interessieren Sie sich ehrlich für das eine oder andere Spiel.
- Seien Sie wertschätzend und geben Sie Anerkennung.
- Blickkontakt und Nähe sind immer wichtig. Wenn Sie Ihren Jugendlichen emotional vernachlässigen und Verbundenheit fehlt, wird es zu ständiger Konfrontation kommen.
- Stellen Sie Erwartungen, sprechen Sie Zeiten ab, ohne immer der „Bestimmer" sein zu wollen.
- Treiben Sie gemeinsam Sport.
- Schauen Sie zusammen einen Film an und sprechen Sie über das Gesehene.
- Erlauben Sie Ihrem jugendlichen Kind, Freunde mit nach Hause zu bringen. Versuchen Sie im Gespräch zu bleiben. Alle Jugendlichen wollen akzeptiert werden und sind bei einer Wertschätzung ihrer Person offen für Unterhaltungen.

- Sie werden von Jugendlichen in Frage gestellt werden und zum Teil Ablehnung erfahren. Bleiben Sie als Erwachsener trotzdem in Beziehung zu Ihrem Jugendlichen. Es wird sich auszahlen.

Konflikte sind nicht zu vermeiden, sondern im Gegenteil wichtig für eine wachsende Bindung und positive Beziehung. In der Pubertät geht es um Ablösung, Eigenständigkeit und Verantwortung im Zusammenhang mit der weiteren Verbundenheit mit den Eltern.

Wenn eine sichere Bindung die Grundlage ist, gestaltet sich die Pubertät wie die Krabbelphase eines Kindes: Das Krabbelkind entfernt sich, dreht sich um und kommt zurück zur Bezugsperson. Das wiederholt sich immer wieder. Die Abstände des Weg-Krabbelns von der Mutter oder dem Vater werden größer, je sicherer das Kind sich fühlt. Bei Jugendlichen ist es ähnlich: Sie entfernen sich, und viele Eltern denken, nun müssen Sie selbst klarkommen, sie brauchen uns nicht mehr. Das ist eine große Fehleinschätzung, denn auf ihrem Weg entfernen sich die Jugendlichen zwar, benötigen aber immer wieder einen sicheren Ort zum Auftanken und für ihre Emotionalität – zum Üben von Abgrenzung und Veränderung, zur Einhaltung von Grenzen und zum Erleben von Empathie. Schreiben Sie Ihrem jugendlichen Sohn, Ihrer jugendlichen Tochter doch zwischendurch einmal eine Nachricht. Nutzen Sie die Kanäle des anderen – Sie werden positiv überrascht sein.

In der Pubertät geht es um die Ablösung und die Eigenständigkeit sowie die Verbundenheit mit den Eltern.

I. Fallbeispiel Pubertät

Die Geschichte von Paula zeigt, in welch verzweifelter Situation sich die Jugendliche befand. An ihrem Beispiel werden die Bedürftigkeit und der Schrei nach Geborgenheit überdeutlich. Viele Erwachsene verschließen einfach ihr Herz, um sagen zu können „typisch Jugend von heute". So müssen sie sich auch nicht mit den Hilferufen auseinandersetzen. Bindungsverunsicherte Jugendliche machen nämlich ihrem Gegenüber oftmals Angst.

Paula, 17 Jahre

Paula kam eher unfreiwillig zu mir in die Praxis. Sie wurde von ihrer Mutter gedrängt, da sie häufig ritzte, schnüffelte und sehr viel Alkohol konsumierte. Die Jugendliche war viele Stunden stark verunsichert, erzählte mir viel, jedoch nicht jene Dinge, die sie wirklich belasteten. Es war schwer, eine therapeutische Beziehung zu Paula herzustellen.

Mir kam der Impuls, Paula zu bitten, sich auf die große Matte zu legen. Sie tat es unter großer Angst und mit der Möglichkeit, jederzeit die Situation zu beenden. Ich setzte mich an das Kopfende neben die Matte und sagte ihr, was ich bei ihr wahrnehme und welche Gefühle dies bei mir auslöst. Dann sprach Paula mit mir im Wechsel, was ihr durch den Kopf ging und was in ihrem Körper beim Liegen passiert. Paula konnte plötzlich fühlen, dass sie bestimmte Körperteile nicht spürt und dass es ihr Angst macht, wenn ihr Herz klopft. Sie lag da wie erstarrt! Ich bot ihr an, einen schönen Stein als Übergangsobjekt zu nehmen. Sie drückte den Stein ganz stark und fing an zu zittern. Nach dieser Stunde sagte mir Paula, sie hätte sich geborgen gefühlt wie in keiner anderen Stunde. Ich konnte sehen, wie sie ein Stück bei sich und ihren Gefühlen angekommen war. Nun war es an mir, ihr durch verschiedene Interventionen, wie z. B. Blickkontakt, Benennung der Gefühle, Beachtung der Atmung und Körperübungen, Halt zu geben. Bei Jugendlichen ist das besonders wichtig, da sie, wenn sie vermehrt Gefühle spüren, welche bis dahin minimiert waren, auf besonders unsicheren Beinen stehen. Denn viele Jugendliche spüren zum ersten Mal offen ihre Sehnsucht nach Verlässlichkeit, Geborgenheit oder Freiheit. Ergänzend konnten kreative Angebote und andere Möglichkeiten der bindungsstärkenden Arbeit wie ein Boxsack, Rollenspiele usw. Paula helfen. Dies gab der Jugendlichen Stärke, denn ihre Gefühle benötigten einen Ausdruck. Manche Jugendliche sind jedoch so traumatisiert, dass eine Arbeit nur im Sitzen stattfinden kann, so dass ein äußerer Halt und Rahmen gegeben ist. Es ist in der therapeutischen Arbeit auch möglich, Berührung im übertragenen Sinne anzubieten, d. h. durch Blickkontakt, bestimmte Gesprächsinhalte oder wenn der Bezug zum inneren Erleben ermöglicht wird. Entscheidend ist dabei immer die emotionale Erfahrung des Jugendlichen. Bei der emotionalen Nachversorgung geht es dann um das Aktivieren des Körpers und der Gefühle.

Was ist hier geschehen?

Die Jugendliche hat durch das Einander-nah-Sein auf der Matte Sicherheit und Halt gespürt. Durch einen geringeren Körperabstand war ein positiver, direkter Blickkontakt möglich, der Warmherzigkeit, ein Gefühl von Angenommen-Sein und Geborgenheit vermittelt hat.

Der Stein war entscheidend, da sich Paula verloren fühlte und sehr ängstlich zeigte. Der Kontakt zum Stein gab Halt auf der nicht-sprachlichen Ebene. Durch Körperimpulse kommen wir schnell an frühe Sehnsüchte und Gefühle. Das Zittern der Jugendlichen war ein Ausdruck der eingesperrten Gefühle, welche ansonsten mit Alkohol und Drogen in Schach gehalten werden. Auf der Matte musste sie nicht die coole Jugendliche sein, sondern konnte bei ihren Gefühlen ankommen.

Das ist die Grundlage für eine intensive therapeutische Arbeit und Nachversorgung.

Wenn wir solche oder ähnliche Verhaltensweisen beobachten, steht dies meist in Zusammenhang mit Verunsicherungen im Bindungsmuster. Körperarbeit muss dabei sehr dosiert angeboten werden. Der Halt eines Jugendlichen oder eines Kindes darf nicht zerstört werden. Es geht meistens um eine Art der Nachversorgung auf emotionaler Ebene und nicht um eine Fixierung auf die negativen Erfahrungen. Paula konnte sich sicherlich nur auf diese Stunden einlassen, weil es um Weiterentwicklung und Versorgung ging. Daraus entstand dann der Kontakt zu ihr, und Paula konnte mehr von sich zeigen und erzählen. Durch das Liegen werden wir mit unseren regressiven, frühen Wünschen und Gefühlen konfrontiert, was bei Paula therapeutisch genutzt werden konnte. In der Arbeit mit Kindern und Jugendlichen haben wir als Therapeuten eine große Verantwortung und die Aufgabe, Grenzen zu achten und behutsam zu arbeiten. Für die Eltern war es entscheidend zu erfahren, dass hinter dieser Symptomatik fast immer Sehnsüchte und Bedürfnisse stehen. Dieses Verständnis führte dazu, dass die Eltern sich selber therapeutische Hilfe holten, um ihrer jugendlichen Tochter altersgemäße Zuwendung zu geben, aber auch, um die Gefühle ihrer Tochter und den Wunsch erwachsen zu werden verstehen zu lernen. Die Eltern brauchten und bekamen neue Ideen im Umgang mit ihrer Tochter.

II. Fallbeispiel Pubertät

Die Geschichte von Lasse ist stellvertretend für ganz viele Jungen in der Pubertät. Die Erwartungen an die Eltern sind hoch, anderseits werden die Eltern mit Worten auf Abstand gebracht. Viele Eltern meinen, in der Pubertät braucht der Sohn sie nicht. Durch Streitereien auf Grund von Ablösungswünschen und dem Umbau im Gehirn entsteht in der Familie Anspannung. Frühe Verunsicherungen kommen verstärkt zum Tragen.

Lasse, 13 Jahre alt

Lasse war 13 Jahre alt, als er zu mir in die Praxis kam. Die Mutter meldete sich telefonisch bei mir, da ihr Sohn vor drei Wochen zur Tante gezogen war und nicht mehr zurück zu den Eltern wollte. Natürlich kamen mir viele Phantasien, warum ein Kind in diesem Alter nicht bei den Eltern leben will oder kann... In der diagnostischen Phase mit dem Kind ohne die Eltern wurde kein offensichtlicher Grund deutlich. Das Kind fühlte sich ungeliebt und überflüssig. Die Beziehung wirkte zerstört und eingefroren – warum auch immer! In der Übertragung spürte ich nur, wie hart Mutter und Sohn mit sich selbst und miteinander umgingen. Beide wirkten distanziert und beschrieben eine Leere in Bezug auf den anderen. Für mich zeigte sich eine tiefe Verletzung, welche zu einer Beziehungslosigkeit zwischen den Eltern und dem Sohn führte. Alle zeigten in den Gesprächen fast keine Gefühle. Für mich waren nur Ratlosigkeit und einige blockierte Gefühle spürbar. Ich bot zuerst der Mutter gemeinsame Therapiestunden mit ihrem Sohn an, sofern dieser dazu bereit wäre. Beide willigten skeptisch ein. Ich sah eine Chance, da Lasse mit in die Praxis kam, was vermuten ließ, dass ein Wunsch, den er selbst noch nicht formulieren konnte, erkennbar war. Er wollte, dass sich etwas änderte.

Es wurden vier Stunden zur Bindungsstärkung zwischen Mutter und Sohn abgesprochen. Danach sollte überlegt werden, wo der Junge weiterhin leben würde. Lasse sagte, er käme, obwohl es nichts bringen würde und er sowieso weg von den Eltern wolle und zwar für immer! Zu Hause nerve ihn alles, die Mutter wäre schuld, weil sie alles kaputt gemacht hätte. Was kaputtgegangen war, konnte von Lasse nicht genau benannt werden. Es gäbe nur Ärger und Streit mit den Eltern. Ich bat dann den Jungen, sich auf die Matte zu legen und der Mutter zu sagen, wo sie welche Hand hinlegen darf. Die Mutter durfte die eine Hand auf den Rücken und die andere Hand auf den Arm legen. Dann bat ich Mutter und Sohn tief zu atmen und sagte, dass alles an Gedanken erlaubt sei. Dann folgten einige Minuten der Ruhe. Beiden fiel es schwer, einfach tief zu atmen. Nach einigen Minuten der Stille und des Auflegens der Hände sagte ich der Mutter, sie solle nun in ihrem Tempo sich langsam vom Rücken des Sohnes verabschieden und dabei ihre Hände lösen. Danach legte sich die Mutter auf die Matte und Lasse legte bereitwillig seine Hände auf den Kopf der Mutter. Er fragte gar nicht erst! Ich konnte aber beobachten, dass es so auch für die Mutter gut war. Dann leitete ich auch hier das Atmen an, war nahe bei Lasse und begleitete diese Sequenz mit meinem Mit-Atmen. Dann verabschiedete sich auch Lasse vom Kopf der Mutter. Beide setzten sich auf die Matte, um Blickkontakt zu halten, und Mutter wie Sohn waren sichtlich emotional bewegt und berührt.

Ich fragte Lasse, was ihm durch den Kopf gegangen sei, und es schoss aus ihm heraus: "Ich habe meine Mama doch so lieb!" Der Junge weinte aus tiefem Herzen. Nun war Lasse viel stärker bei sich und seinen Gefühlen, und von Abwehr, Wut und Rückzug war kaum noch etwas zu spüren. Die Mutter konnte beschreiben, dass ihre Hände ganz warm wurden und sie plötzlich – sie konnte nicht sagen wann – einen liebevollen Kontakt zu ihrem Sohn spürte. Die Mutter beschrieb dieses Gefühl stärker als jeden Konflikt, als jeden Streit zuvor. Sie sagte unter Tränen, dass sie spüre, dass ihr Sohn und sie zusammengehören. Bei beiden war das Gefühl der Zusammengehörigkeit und Verbundenheit nach den Therapiestunden da, sie waren wieder energetisch verbunden. Es folgten weitere Stunden mit dem Vater und seinem Sohn, in denen es um eine ganz andere Art der Bindungsstärkung ging. Vater und Sohn waren miteinander sehr auf Distanz, und ein starkes Gefühl der Wut und Aggressivität war zu spüren. Beide konnten sich in den Therapiestunden durch das gemeinsame Agieren am Boxsack nahekommen, sich beim Tischfußballspiel respektieren und durch Entspannung beim Spielen wieder Kontakt zueinander finden. Vater wie Sohn konnten beschreiben, dass sie sich durch die gemeinsame Bewegung in den Stunden und den angeleiteten Blickkontakt jetzt viel näher fühlen. Der Sohn ließ sich von seinem Vater am Ende der Stunde in den Arm nehmen. Beide spürten nur und sprachen gar nicht!

Der Ausdruck von Kraft, Wut oder Traurigkeit ist für viele Jugendliche am Boxsack möglich.

Was beinhaltet diese Arbeit?

Die einzelnen Problemsituationen von zu Hause spielen hier keine Rolle mehr, da es in der gemeinsamen Arbeit in erster Linie darum geht, die Beziehungsblockade zu lösen.

Sicher war, dass es in der Familie bereits positive Anbindung und Bindung gab, ansonsten hätte eine Veränderung viel länger gedauert. So konnten in der therapeutischen Arbeit auf der Liegefläche frühe Bindungsgefühle aktiviert werden.

Auch in diesem Beispiel zeigt sich, dass Worte nicht solche Wirkung auf der Ebene der tiefen Gefühle haben können – vielmehr haben Bindung und Beziehung ihre Wurzeln im Bonding und in der nicht-sprachlichen Phase. Das Anfassen von Mutter und Sohn ist nonverbale Kommunikation ohne Wenn und Aber, ohne richtig oder falsch.

Das Gleiche war auch in den Stunden mit Vater und

Sohn zu beobachten. Der nicht-sprachliche Ausdruck machte es möglich, die blockierten Gefühle aufleben zu lassen. Wut, Rückzug und aggressive Gefühle bei Jungen oder Männern sind sehr häufig gefühlsmäßige Verletzungen und Traurigkeit. Durch den Einsatz des Boxsacks wurde ein Ausdruck dieser Gefühle möglich.

Jedes Symptom ist ein Hilferuf des Jugendlichen und seines Körpers.

„Durch Körperanspannung, die durch Arbeitsstress, Schulstress oder Konflikte zu Hause entsteht, geht Verbundenheit und das Gefühl von Nähe und Geborgenheit verloren. Wenn Verbundenheit für beide Seiten nicht mehr zu spüren ist, kommt es sehr häufig zu Gefühlen von Wut, Angst, Verzweiflung und Ohnmacht." Vgl. Harms Dieses führte dazu, dass der Junge kaum noch Gefühle für die Eltern und die Eltern nur noch wenige Gefühle für ihren 13-jährigen Sohn empfinden konnten. Dass ein Kind dann auch außerhalb der Familie leben möchte, um diese Ohnmacht nicht zu spüren, ist naheliegend. Auf der inhaltlichen Ebene – Wer hat was gesagt? – hätte diese Situation nur sehr schwer gelöst werden können.

Mit flacher Atmung sind wir in der Lage unser Gefühlschaos zu stoppen bzw. zu reduzieren, um nicht so viel wahrnehmen und spüren zu müssen. Die tiefe In-den-Bauch-Atmung bringt dagegen schnell Gefühle an die Oberfläche, die unser Kopf dann nicht mehr so stark kontrollieren kann. Hier bedeutet das, wenn die Mutter beim Auflegen der Hand nicht auch in den Bauch geatmet hätte, wäre ihre Hand nicht warm und die Bindung zum Kind nicht so spürbar geworden. Durch eine Anspannung oder Verspannung des Körpers geschieht ein körperlicher Rückzug, wodurch wir ebenfalls die Aufnahme von Informationen blockieren. Erklärungen und Einsicht sind an diesem Punkt der verlorenen Verbundenheit kaum noch möglich. So wird auch klarer, warum der non-verbale Zugang so entscheidend ist.

Der Beginn der Arbeit mit Mutter und Sohn war notwendig, um an das ganz frühe Gefühl des Bondings anzuknüpfen. Danach erst war die Arbeit mit dem Vater möglich, da im Körper des Jungen das ganz frühe Bindungswunschmuster aktiviert wurde.

Fazit Pubertät

Je sicherer ein Kind emotional gebunden ist, desto angemessener ist seine Entwicklung in der Pubertät. Es lohnt sich als Eltern also unbedingt, viel Liebe, Zeit, Struktur, Freiheit, Vertrauen und Emotionalität in die Entwicklung des eigenen Kindes zu investieren.

Bitte beantworten Sie die Hilferufe Ihres Kindes und Jugendlichen. Atmen Sie tief durch, dann fällt es Ihnen bestimmt ein, wie Sie erneut mit Ihrem Sohn oder Ihrer Tochter in Kontakt und in eine Verbundenheit kommen können. Und seien Sie zuallererst verbunden mit sich, denn erst dann kann erneut Nähe zwischen Ihnen und Ihrem Kind entstehen. Die Aufgabe der Pubertät ist, dass Jugendliche immer mehr Verantwortung für sich übernehmen und es ihnen so möglich wird, sich mehr und mehr von zu Hause abzulösen – mit dem Gefühl der Zusammengehörigkeit und der Verbundenheit.

„Der Erwachsene hat die Funktion, nährend und beschützend zu sein. Babys sind wie Vögelchen: Sie sollen zuerst behütet und dann, wenn die Zeit reif ist, losgelassen werden." Reich S. 52

Sichere Bindungserfahrungen ermöglichen Freundschaften.

Pubertät beinhaltet:
- **Bonding, Bindung, Bildung**
- **Gefühl von Geborgenheit**
- **Orientierung**
- **Wertschätzung/ Anerkennung**
- **Eigenständigkeit**
- **Freiheit**
- **Eigene Erfahrungen**

Anhang

Verunsicherungen reduzieren

- Geben Sie Ihrem Kind so viel Sicherheit wie möglich, lassen Sie sich durch andere Eltern nicht verunsichern.
- Haben Sie bei der Geburt Ihres Kindes nicht schon seinen späteren Beruf vor Augen und machen Sie sich nicht schon im Kindergarten um die Schullaufbahn Gedanken.
- Kinder müssen die Unterstützung der Eltern spüren, das bedeutet aber nicht, ihre Probleme zu lösen.
- Jedes Kind hat eine eigene Persönlichkeit und ein eigenes Temperament.
- Nicht nur Schwarzweiß-Denken, lassen Sie lieber Grautöne zu.
- Begleiten Sie in jeder Klassenstufe, aber ohne Druck. Jedes Kind nimmt seinen eigenen Weg und benötigt auf diesem Ihre Unterstützung.
- Probleme mit dem Kind bedeuten kein Versagen der Eltern, sondern sind vielmehr ein Hilferuf des Kindes, dass sich etwas verändern muss. Benötigt wird aber unbedingt eine Antwort der Eltern, damit sich etwas verändert.
- Probleme mit Kindern sind kein AUS für eine positive Zukunft, sondern eine Chance für Entwicklung und Veränderung.
- Lernen Sie, auch Enttäuschungen und den Frust von Ihren Kindern aushalten zu können.
- Entwicklung und Veränderung funktionieren immer, egal wie alt Ihr Kind ist. Sie als Eltern müssen es nur wollen und den ersten Schritt tun.
- Jede Familie und jedes Kind ist anders. Aber alle suchen und brauchen ein Nest für die Familie und für die eigenen Kinder – voller Geborgenheit.

- Viele Erinnerungen an unsere eigene Kindheit sind nicht bewusst verfügbar, aber im Körper eingraviert. Beim ersten eigenen Kind kommen diese tiefen Gefühle und frühen Erinnerungen wieder ins Schwingen und haben Einfluss auf den Umgang mit Ihrem Baby. Diese Gefühle begleiten Eltern und bestimmen ihr Handeln.

Sprechen Sie mit einer Freundin oder Ihrem Partner über Ihre Ängste und Unsicherheiten. Oder holen Sie sich professionelle Hilfe zur Stärkung Ihrer Sicherheit.

Schlussgedanken

Nun habe ich meine Erfahrungen und mein Wissen über „Bonding, Bindung und Bildung" mit Ihnen geteilt und ich bin mir sicher, dass Sie damit Ideen für die emotionale Begleitung ihres Babys, Kindes, Jugendlichen oder des Ihnen anvertrauten Kindes entwickeln können.

Trauen Sie sich, Kindern und Jugendlichen einen feinfühligen Kontakt und eine emotionale Nähe in Freiheit zu geben. Lassen Sie Verbundenheit wachsen.

Jedes Kind wird sich über anerkennende Worte, Zeit mit Ihnen, ein Lächeln, Lob, echtes Interesse und Ihr Vertrauen im Herzen freuen und daran emotional wachsen.

Lieben Sie Ihr Kind, so wie es ist!
Die Herzen der Kinder sind so zerbrechlich...

Viel Freude und ein offenes Herz
wünscht Ihnen
Gundula Göbel

Literatur

Ayres, Jean; Robbins, J.; Flehmig, I.; Flehmig, R.-W: Bausteine der kindlichen Entwicklung, 4. Auflage, Springer, Berlin – Heidelberg, 2002.

Barth, Marcella; Markus, Ursula: Alles über Körpersprache der Kinder. 1. Auflage, Ravensburger Buchverlag, Ravensburg, 1996.

Becker-Stoll, Fabienne: Schutz- und Risikofaktoren der frühkindlichen Entwicklung – Anforderungen für Frühpädagogik und Elternbildung. https://www.familienhandbuch.de/kindlicheentwicklung/allgemeineentwicklung. Erstellt November 2006, zuletzt geändert August 2011.

Bloemeke, Viresha J.: „Es war eine schwere Geburt...“ Wie traumatische Erfahrungen verarbeitet werden können. Kösel, München, 2003.

Brisch, Karl Heinz: Safe. Sichere Ausbildung für Eltern. 1. Auflage, Klett-Cotta, Stuttgart, 2010.

Brisch, Karl-Heinz; Hellbrügge, Theodor (Hrsg.): Bindung und Trauma. Risiken und Schutzfaktoren für die Entwicklung von Kindern. 3. Auflage, Klett-Cotta, Stuttgart, 2009.

Bowlby, John: Bindung als sichere Basis. Grundlagen und Anwendung in der Bindungstheorie. 2. Auflage, Ernst Reinhardt, München, 2010.

Casriel, Dan: Wiederentdeckung der Gefühle. Um einen Schrei vom Glück entfernt. 1. Auflage, Bertelsmann, München, 1975.

Diedrichs, Paula; Olbricht, Vera: Unser Baby schreit so viel! Was Eltern tun können. Kösel, München, 2002.

Harms, Thomas (Hrsg.): Auf die Welt gekommen. Die neuen Baby-Therapien. 1. Auflage, Ulrich Leutner Verlag, Berlin, 2000.

Harms, Thomas: Emotionelle Erste Hilfe. Bindungsförderung – Krisenintervention Eltern-Baby-Therapie. 1. Auflage, Ulrich Leutner Verlag, Berlin, 2008.

Hüther, Gerald; Michels, Inge: Gehirnforschung für Kinder – Felix und Feline entdecken das Gehirn. 1. Auflage, Kösel, München, 2009.

Lowen, Alexander: Bio-Energetik. Angst vor dem Leben. 1. Auflage, München, Goldmann, 1989.

Mogel, Hans: Geborgenheit. Psychologie eines Lebensgefühls. 1. Auflage, Springer, Berlin – Heidelberg, 1995.

Neufeld, Gordon; Maté, Gabor: Unsere Kinder brauchen uns! Die entscheidende Bedeutung der Eltern-Kind-Bindung. 1. Auflage, Genius, Bremen, 2006.

Reich, Eva; Zornanszky, Eszter: Lebensenergie durch sanfte Bioenergetik. 1. Auflage, Kösel, München, 1997.

Stauss, Konrad: Bonding Psychotherapie. Grundlagen und Methoden. 2. Auflage, Kösel, München, 2011.

Sunderland, Margot: Die neue Elternschule. Kinder richtig verstehen und liebevoll erziehen. Dorling Kindersley, London, 2006.

Sonja Rüther
Der Weg zum Kur-Erfolg
Ein Ratgeber für Mutter-Kind-Kuren
ISBN: 978-3000368912

Wenn eine Mutter-Kind-Kur bewilligt wird, erhält man zwar allerhand Papierkram, jedoch wenige bis keine Informationen darüber, wie so eine Kur überhaupt abläuft. Dieser Leitfaden und Erfahrungsbericht bereitet auf die Mutter-Kind-Kur vor, gibt hilfreiche Tipps für den Kur-Verlauf und beinhaltet Arbeitsblätter zur Vorbereitung, damit die Zeit vor Ort optimal genutzt werden kann. Gut vorbereitet sollte dem Kur-Erfolg dann nichts mehr im Wege stehen!

Erhältlich im Buchhandel oder www.kurberatung.com.